Knaur

CORNELIA NITSCH

Was Kinder schlau macht

Knaur

CORNELIA NITSCH

Was Kinder schlau macht

Mit allen Sinnen für die (Grund-)Schule lernen – für mehr Spaß und gute Noten

www.knaur-ratgeber.de

Inhalt

Vorwort

Die Schule mit ihren Freuden und Tücken ist heute ein zentrales Thema – über Jahre hinweg ein Dauerbrenner in den Familien. Dass Lernen nicht von alleine geht und die Schule nicht nur Sache von Schülern und Lehrern ist, sondern dass heute auch Eltern als Förderer, Kontrolleure und Wissensvermittler gefragt sind, hat sich herumgesprochen. So sind sie dafür zuständig, dass die Hausaufgaben zuverlässig und bestens erledigt werden und das Üben des Lehrstoffs zu Hause auch klappt. Mit der Forderung der Schule nach elterlichem Engagement ist aber mehr als nur der Blick über die Schulter ins Hausaufgabenheft gemeint. Über die Erziehung hinaus sollen sich Mütter und Väter um die Bildung ihres Nachwuchses kümmern, wird von Experten gefordert, denn gute Bildung ist heute wichtiger denn je, das ist allen klar. Kontinuierlich sollen Eltern ihren Nachwuchs von der ersten bis zur letzten Klasse mit einem möglichst umfassenden Angebot versorgen, denn Bildung reift und wächst nicht einfach vor sich hin, sondern will gemanagt werden. Sie ist von Bildungserlebnissen abhängig, von eigenen Bildungserfahrungen, von den Erzählungen anderer, vom Unterricht, an dem man teilnimmt. Jede neue Information, die zu dem bereits vorhandenen Wissen und Können dazukommt, bedeutet: »Ich lerne dazu!« Deshalb hört man auch nie auf zu lernen. Kinder lernen allerdings mehr als alle anderen dazu, denn ihnen bringt jeder Tag etwas Neues.

Aufgabe der Eltern ist es, ihr Kind neben der Schule auch zu Hause zu fördern: ihm genug Anregungen, Anstöße zu bieten, genug Stoff zum Nachdenken, zum Experimentieren. In ganz unterschiedlichen Rollen sind Eltern als »Schul- und Bildungsexperten« gefragt. Als Mutmacher werden sie gebraucht. Als Unterstützer. Als Erklärer. Als Antreiber. Als Optimisten vor allem, die Zuversicht verströmen. Besonders dann werden sie natürlich gebraucht, wenn sich ihr Sprössling durch die Schule wie durch zähen Hirsebrei quält, immer damit beschäftigt, lästige Hindernisse zu überwinden wie einen schwierigen Aufsatz oder eine seitenlange Matheaufgabe. Manchmal müssen sie helfen, Misserfolge zu verkraften. Müssen trösten, wenn eine Arbeit in den Sand gesetzt wurde. Und wenn es besonders stressig ist, dann müssen sie den Kandidaten anfeuern: »Halt durch! Du bist bald am Ziel!« Selbst ein langer Lulatsch in der Vorpubertät greift in Schul- und Lerndingen noch gerne auf Mamas und Papas Hilfe zurück: »Kann einer von euch mal meinen Aufsatz durchlesen?« oder: »Habe ich die Kommas richtig gesetzt?« Er will von ihnen ermuntert, gelobt, belohnt werden. Er braucht sie als wichtige Stütze im Hintergrund.

Dass Erfolge zählen, dass sie in einer Leistungsgesellschaft leben, geht an Schülern heute nicht vorüber. Ihre Schulleistungen stehen mehr im Blickfeld als früher – keine guten Zeiten für Bequemlichkeit. Die Jungen ahnen, was später auf sie zukommen wird: ein Berg von Anforderungen, knallharter Konkurrenzkampf. Wer auf eine weiterführende Schulen wechselt, ist besonders angesehen in der Klassengemeinschaft. Vierzig bis fünfzig Prozent aller Großstadtschüler möchten aufs Gymnasium. Wer nicht dabei ist, kämpft darum, sich nicht als Verlierer zu fühlen, als ein an den Rand Gedrängter. Aufgrund dieser Entwicklung ist es wahrlich kein Wunder, dass Mütter und Väter aktiver denn je sind, wenn es um ihr Kind und seine Schulkarriere, seinen Bildungsweg geht.

Damit Sie Ihr Kind gezielt und erfolgreich fördern und motivieren können, finden Sie in diesem Buch viele Denkanstöße, Bildungsangebote, viele Allroundtipps, die Ihnen und Ihrem Kind in der Schule, beim Lernen und Forschen weiterhelfen können.

Erfolgreich lernen:
die besten Strategien

Mit dem ersten Lebenstag beginnt das Lernen. Jedes Kind ist zuerst mit Lust dabei. Es will das Leben in allen Fassetten aus eigenem Antrieb erkunden. Es ist neugierig und experimentierfreudig, begierig auf neue Erfahrungen und möchte seine Fähigkeiten Schritt für Schritt entwickeln. Nicht nur in der Schule, sondern auch außerhalb lernt es bei ganz unterschiedlichen Gelegenheiten dazu: beim Reden und Spielen, bei gemeinsamen Familienunternehmungen wie Stadtbummel, Waldspaziergang, Theater-, Kino-, Konzert-, Museumsbesuch. Beim Basteln und Malen, beim Lesen und beim Sporttreiben übt es sein Können.

Coachen Sie Ihr Kind, bieten Sie ihm genug Anregungen

Ein neugieriges, fröhliches Kind widmet seine Aufmerksamkeit immer neuen Experimenten, und es macht Freude, ihm dabei zuzusehen:

- Ein Neunjähriger wirft ein Blatt von der Brücke ins Wasser und verfolgt es neugierig mit den Augen: Wohin treibt dieses »Schiff«? Bleibt es am Ufer des Bachs hängen?
- Eine Zehnjährige probiert die neue Kaffeemaschine aus und will herausfinden, ob sie damit auch richtig guten Milchschaum fabrizieren kann: Geht das? Und wieso funktioniert das so und nicht anders?
- Ein Siebenjähriger beobachtet die Vögel im Winter, die um das Futter im Vogelhaus kämpfen: Wer drängelt sich vor? Wer sahnt ab und erwischt die besten Körner? Und wer muss darum kämpfen, überhaupt einen Platz am Futterhaus zu ergattern?

Vor der Haustür, im Stadtviertel, drinnen und draußen, wo es geht und steht, macht ein selbstbewusstes Kind seine Experimente. Meistens laufen sie nach ein und demselben Muster ab:

- Ich habe eine Frage oder eine Aufgabe und mache mich ans Werk, um hinter das Geheimnis zu kommen, das sich mir stellt.
- Ich komme mit der Aufgabe nicht auf Anhieb zurecht. Ich probiere herum.
- Ich lasse nicht locker, übe, bis ich am Ziel bin, oder bitte schließlich um Hilfe, wenn ich nicht allein klarkomme.

- Ich freue mich, wenn mein Bemühen wahrgenommen und das Ergebnis gewürdigt wird – ein Erfolgserlebnis, das mich zu neuen Taten anstachelt.

Kinder lernen sehr unterschiedlich – von eifrig bis lahm reicht die Skala. Dazu kommt: Mädchen lernen anders als Jungen. Deshalb ist es kein leichtes Unterfangen für Eltern, ihr Kind beim Lernen zu begleiten. Sie müssen Einsatz und Geduld zeigen. Auf den folgenden Seiten finden Sie viele praktische Hinweise, wie Sie Ihr Kind zu Hause coachen, anspornen, wie Sie seinen gesunden Ehrgeiz wecken, sein Zutrauen in die eigene Stärke festigen können und wie ein Umfeld aussehen sollte, das zum Lernen animiert.

Sorgen Sie für ein gutes Familienklima

Jedes gute Familienklima ist gleichzeitig ein gutes Lernklima. Wer in einer liebevollen Atmosphäre aufwächst, ohne übertriebenen Leistungsdruck und Erfolgszwang, geht das Leben meistens ziemlich entspannt an und kann seine Fähigkeiten deshalb ungestört entfalten, seine Talente in Ruhe entdecken, seine Persönlichkeit entwickeln und zeigen, was in ihm steckt.

- Machen Sie eine Bestandsaufnahme. »Wie sieht der Alltag bei uns aus?« Schauen Sie sich an, was zu Hause, was in der Schule abläuft und wie sich Ihr Kind in diesem Rahmen bewegt. Machen Sie sich ein Bild von seinem Treiben und Tun, seinem Denken und Fühlen. Wer seinem Kind die richtige Nahrung für Geist und Seele, eine gesunde »Kost«, verabreichen möchte, sollte zuerst sein Umfeld überprüfen: »Sind bei uns zu Hause diese Voraussetzungen für ein erfolgreiches Lernen gegeben – anregend und interessant?«

- Schaffen Sie eine warme Atmosphäre in der Familie – möglichst heiter und angenehm. Vergessen Sie zuerst einmal sämtliche Lernprogramme und sich vielleicht abzeichnenden Schulklippen. Sehen Sie nur Ihr Kind an. Freuen Sie sich an seiner Lebensfreude. Lassen Sie sich anstecken von seiner Kraft und Lebendigkeit, von seiner Verspieltheit und Munterkeit. Es ist genial und nicht kindisch oder spleenig, wie manche Erwachsene meinen, wenn es neue Spiele erfindet: rückwärtsredet, auf allen vieren läuft, aus Stöckchen Wippen für Schnecken baut … Allein seine kreativen Fähigkeiten, seine unbeschwerte Lebensfreude sind schon Grund genug, es in den Himmel zu loben. Ziehen Sie mit, wenn es seine Fantasie spielen und seiner Wissbegierde freien Lauf lässt. Gehen Sie auf seine Fragen ein. Berichten Sie von Ihren Interessen. Die Motivation, die Experimentierlust, die Neugier und Wissbegierde Ihres Kindes fördern Sie am besten, wenn Sie sich aktiv und möglichst unbeschwert für das Leben Ihres Kindes interessieren. Wenn Sie Verständnis für seine Ideen zeigen. Wird in der Familie viel gelacht, viel geredet, so ist das rundum gesund, denn diese Fröhlichkeit bedeutet: Ihr Kind kann zu Hause auftanken, frische Kräfte schöpfen, die es braucht, um das umfassende Lernprogramm zu bewältigen, das vor ihm liegt.

- **Lachen und singen Sie häufig.** Im Alltagstrott gerät das fröhliche Zusammensein leicht in Vergessenheit. Wissenschaftler der Universität Frankfurt haben herausgefunden, dass Singen und Lachen nicht nur gute Laune machen, sondern auch das Immunsystem stärken – das körperliche und das seelische.

- **Plädieren Sie für gemeinsame Rituale,** zum Beispiel für feste Mahlzeiten. Denn Essen ist nicht nur Nahrungsaufnahme, sondern ein Gemeinschaftserlebnis, das Geborgenheit bietet. Bei Tischgesprächen können Kinder loswerden, was sie beschäftigt. Mitunter wird auch gestritten. So entsteht eine lebendige Atmosphäre, bestenfalls geprägt durch Nähe und Wärme. Einer interessiert sich für den anderen – für seine Freuden und Ärgernisse.

- **Verbringen Sie Ihre Freizeit** möglichst häufig mit Kind und Kegel – zu Hause oder unterwegs. Spielen Sie zusammen, treiben Sie zusammen Sport …

Fazit: Die elterliche Kunst besteht darin, zu Hause ein möglichst anregendes, fröhliches Leben zu bieten.

Schaffen Sie eine gute Arbeitsatmosphäre

Wie sieht das Zimmer Ihres Kindes aus? Ist es ein Raum, in dem sich seine unterschiedlichen Lebens- und Forschungsbereiche widerspiegeln? Ein Raum, der dazu einlädt, mit unterschiedlichen Themen und Materialien zu experimentieren, und der gleichzeitig ein Ordnungssystem vorgibt? Ein Kinderzimmer mit guter Lern- und Spielatmosphäre befriedigt viele unterschiedliche Bedürfnisse. Was kann es sein?

- **Eine Höhle,** in die man sich mit Büchern zurückziehen und in der man in andere Welten abtauchen kann.
- **Eine Werkstatt,** in der man sein Geschick üben und Gebilde aus Holz und Nägeln zimmern kann.
- **Ein Atelier,** in dem man auf Papier fantastische Gebilde tuschen, zeichnen und malen kann.
- **Eine Bildungsstätte,** in der man in Ruhe im Lexikon blättern und gründlich studieren kann.
- **Ein Labor,** in dem man mit Lupe ein Stück Baumrinde untersuchen kann.
- **Ein Treffpunkt** – eine gemütliche Rückzugmöglichkeit, die man mit Freunden zum Ratschen, Diskutieren und Lachen nutzen kann.
- **Ein geschütztes Plätzchen, an dem man** ungestört träumen, dösen und nachdenken kann.

In der Zusammenschau sollte es ein Raum sein, in dem sich ein Kind gut aufgehoben fühlen kann. Denn wer geborgen und entspannt in einer anregenden Welt lebt, lässt sich durch tausend Kleinigkeiten dazu anleiten, diese Welt immer intensiver zu erkunden. Bieten Sie Ihrem Kind ein Zuhause, das zum Leben, Lernen und Forschen animiert

- **mit Büchern, mit Zeitungen und Zeitschriften,** die Lust zum Lesen machen. Nicht nur Kinderbücher haben das Zeug dazu, ein Kind neugierig zu machen, sondern auch »Erwachsenenbücher«: ein Buch mit Gedichten etwa. Ein alter Schinken mit seltsamer Schrift, zerfledderte Zeitschriften aus früheren Zeiten, ein Tierlexikon und andere Nachschlagewerke.

- mit Bildern, die zum Angucken und Nachfragen einladen, in Bilderbüchern, Kochbüchern, Reisebüchern. In alten Katalogen. Dazu alte Landkarten, Comichefte, Fotoalben, Wandbilder ...
- mit Sofa und Sessel, gutem Licht, warmen Decken, weichen Kissen und einer Bettdecke als Rückzugsmöglichkeit – eine Wohnung mit lauter Ecken, in die man sich ungestört verkriechen kann ...
- mit einem Regal voller Spielzeug (nicht zu viel), mit Werkzeug und Materialien wie Malkasten und Pinsel, Schere und Papier, Kleber und Stifte, Knete und Hölzchen. Mit allem, was man braucht zum Werkeln, Malen, Basteln, Schnitzen, Tüfteln ...
- mit einem guten Arbeitsplatz. Lassen Sie Ihr Kind mitbestimmen, wie er auszusehen hat: Der Schreibtisch sollte nicht zu klein sein. Genug Ablagefläche muss sein. Er sollte tief genug sein, sodass die Unterarme ein Stück aufliegen können, in der Höhe verstellbar, damit die Arbeitshöhe der Körpergröße angepasst werden kann. Die Arbeitsplatte sollte verstellbar sein. Der Arbeitsstuhl sollte beweglich sein, am besten auf Rollen. Die Tischlampe muss hell sein, darf aber nicht blenden und nicht zu heiß werden.

Sollten die Hausaufgaben eigentlich immer am Arbeitstisch im Kinderzimmer erledigt werden? Am besten sollten sie dort gemacht werden, wo sich Ihr Kind wohl fühlt, sich konzentrieren kann, wo es ausreichend Platz für seine Bücher und Hefte hat: Am Esstisch? Oder am Küchentisch? Oder in seinem Zimmer (von manchen Pädagogen ausdrücklich empfohlen)? Den meisten Schülern hilft Routine: Gelernt wird immer am selben Ort. Immer zur gleichen Zeit. Und wie lange sollten die Hausaufgaben dauern? In den Bundesländern werden unterschiedliche Zeiten angegeben, das ist also Auffassungssache. Haben Sie den Eindruck, Ihr Kind sei mit seinen Aufgaben überfordert, dann tauschen Sie sich mit den Eltern seiner Mitschülern aus, und erzählen Sie am nächsten Elternabend von Ihren Erfahrungen.

Nicht ganz unwichtig im Zusammenhang mit Lernen ist das Thema Ordnung. Ist das Kinderzimmer so aufgeräumt, dass keiner wagt, darin herumzukramen? Oder wird Ihr Kind in seinen eigenen vier Wänden mit einem Chaos konfrontiert, einem Durcheinander, in dem es kaum findet, was es gerade braucht?

Nicht nur in seinem Zimmer, sondern rundherum – überall findet ein Kind heute spannende Ablenkungen vom Lernen: Dinosaurier, die in der Fernsehserie miteinander kämpfen, Monster, die im Computerspiel ihr Unwesen treiben, Höhlenmenschen, die durchs Comicheft stromern ... Weil es im Alltag heute großer Unruhe ausgesetzt ist, braucht manches Schulkind ein deutliches Gegengewicht, um seine innere Ruhe zu finden: weniger Reize und nicht mehr. Ordnung im eigenen Zimmer, das bedeutet:

- mehr Ruhe für das Auge.

- mehr Überschaubarkeit. Wer auf seinem Schreibtisch Lineal und Stift gleich findet, wird nicht durch Suchen abgelenkt, sondern kann gleich danach greifen und die Matheaufgaben aufs Papier zaubern.
- mehr Gliederung. Wer in seinen Siebensachen ein System hat, schafft es meistens leichter, auch in seinen Aufsatz ein System zu bringen.
- mehr Konzentrationsmöglichkeit. Wer vor einem ziemlich leeren Tisch sitzt, um zu arbeiten, kann nicht durch Kleinzeug vom Lernen abgelenkt werden, das überall herumfliegt.

Ordnung bietet einen Rahmen, der einem nervösen, leicht ablenkbaren, unruhigen Kind Halt gibt und ihm damit das Lernen und Arbeiten oft erleichtert. Und wie diesen Rahmen herstellen?

- Machen Sie zusammen einen Plan, möglichst spielerisch und locker. Was ist erwünscht? Ein Aquarium? Eine Leseecke? Überlegen Sie gemeinsam, wie aus einem normalen Kinderzimmer ein Raum zum Forschen, zum Studieren, zum Auftanken, zum Lesen, zum Denken werden kann – ein kreativer Mix aus Chaos und Ordnung, zugeschnitten auf die Bedürfnisse Ihres Kindes.

- Beliebte Fehler: Manche Eltern meinen es einfach zu gut und überfrachten das Kinderzimmer mit Spiel- und Lernsachen. Zu viel schadet aber mehr, als es nützt, denn wer mit Sachen überschüttet, mit Bastelkram, mit Stiften, Klebstofftuben, Pinseln, Papieren, Comics, Würfelspielen, Büchern völlig eingedeckt ist, blockiert leicht. Das heißt: Er tut sich mit

Helfen Sie bei der Organisation

Das Buch wird nicht rechtzeitig in die Bibliothek zurückgebracht. Der Turnbeutel ist futsch. Das neue Vokabelheft ist verschwunden … Manches Schulkind schafft es einfach nicht, seine Siebensachen beieinanderzuhaben – klar, dass es in der Schule die Konsequenzen seiner Schludrigkeit zu spüren bekommt: Ermahnungen sind fällig, Ärger am laufenden Band. Gut so, sagen Fachleute, denn mancher Chaot wird erst aus Schaden langsam klüger.

Erfahrene Eltern setzen dagegen: Kommt ein Kind jeden Tag mit dem Gefühl in die Schule »Ich habe garantiert wieder etwas vergessen!«, steigt sein Stresspegel, und die Schule wird damit erst recht zum Ort des Schreckens. Wenn Sie ihm bei der Organisation seines Alltags helfen, ersparen Sie ihm diesen zusätzlichen Stress. Natürlich sollte Ihr Einsatz nur eine Starthilfe sein und keine Unterstützung auf Dauer.

Entscheidungen schwer. Was nehme ich zuerst? Was danach? Ein Kind ist dann oft unfähig, aus der Fülle auszuwählen, sich für ein Ding, ein Spiel, eine Beschäftigung zu entscheiden. Und es fängt deshalb gar nicht erst an, sich mit seinen Sachen zu beschäftigen, sondern guckt zum Beispiel lieber in den Fernseher.

■ Noch eins: Picobello ordentlich sieht es in wenigen Kinderzimmern aus. Gerade weil dieses Zimmer ganz unterschiedliche Funktionen erfüllt, herrscht darin oft ein großes Durcheinander aus Schere, Büchern, Tellern mit Keks- und Obstresten, Lupe, Wasserglas, Hammer, Zeichenpapier ... »In einem solchen Verhau kann kein Mensch arbeiten«, sagen Eltern oft vorschnell, denn mancher Schüler sitzt seelenruhig in seinem Chaos und kommt beim Lernen trotzdem wunderbar voran. Die meisten Kinder tun sich an einem einigermaßen übersichtlichen Tisch mit dem Lernen allerdings leichter. Deshalb ist es nicht schlecht, wenn neben dem Schulbuch nichts Ablenkendes liegt – keine Stifte, die zum Kritzeln anregen, keine Comichefte oder Zeitschriften, die zum Blättern verführen.

Geben Sie klare Orientierungsmuster vor

Das Leben verändert sich laufend, in unserer Zeit besonders schnell. Das heißt: Viele Familien müssen sich ständig neu orientieren. Da ist es nachvollziehbar, dass permanente Unruhe manchem Schulkind heftig zu schaffen macht: Es wirkt unkonzentriert, hibbelig, fahrig. Die Schulleistungen, die Lernbereitschaft und Lernfähigkeit leiden. Was tun?

■ Bieten Sie Ihrem Kind eine Struktur an – einen geregelten Tagesablauf mit Fixpunkten, mit gemeinsamen Ritualen. Klarheit vermittelt Halt und Sicherheit. Ein Gefühl von Sicherheit wirkt sich wiederum positiv auf die Einstellung zum Lernen, auf die Konzentrationsfähigkeit aus.

■ Verabreden Sie Regeln und eindeutige Grenzen, wo sie Sinn machen, aber bitte nicht zu viele Verabredungen treffen. Lassen Sie Ihr Kind, seinem jeweiligen Alter gemäß, bei diesem Entscheidungsprozess mitbestimmen – mitreden, mitdiskutieren: am Mittagstisch, nach den Hausaufgaben, abends in aller Ruhe. Verabredungen sind immer besser als Verfügungen. Werden Verabredungen und Orientierungspunkte weitgehend gemeinsam ausgehandelt und hält sich ihre Anzahl in Grenzen, fällt es leichter, sie zu akzeptieren und sich einigermaßen daran zu halten. So können Eltern zum Beispiel mit ihrem Kind vereinbaren,

- dass regelmäßig eine Familienkonferenz abgehalten wird, um über Schulthemen, über die Hausaufgabensituation zu sprechen, und eventuelle zusätzliche Übungstermine, wenn Ihr Kind in einem Fach schwächelt. Jeder kann dann vorbringen, was ihn in diesem Zusammenhang beschäftigt.
- dass ein paar Regeln zu Hause nicht zur Diskussion stehen, sondern ein Muss sind. Dazu gehören zum Beispiel:

»Die Zensuren werden zu Hause zuverlässig mitgeteilt, und dann wird in Ruhe darüber gesprochen!«
»Die Schule wird nicht geschwänzt. Sie fällt nur dann aus, wenn du wirklich krank bist!«
»Der Schulbus muss morgens erreicht werden, das heißt, dass du rechtzeitig aufstehst!«
»Die Hausaufgaben sind Pflicht. Es wird nicht darüber diskutiert, ob sie gemacht werden oder nicht, höchstens, wann und wie sie erledigt werden!«
Den meisten Kindern bekommt es gut, wenn klar verabredet ist, wann die Hausaufgaben gemacht werden, das Essen auf dem Tisch steht, die Großeltern besucht werden. Sie lieben Eindeutigkeit, denn in einem klaren Raster können sie sich besser orientieren und wissen, was von ihnen wann und wie erwartet wird. Auf diese Weise gibt es weniger Streit um Hausaufgaben und andere Schulpflichten – wie angenehm und entspannend.

■ Lassen Sie Diskussionen zu. Manches lebhafte Gespräch um Regeln, Grenzen einerseits und Freiräume andererseits, artet in eine heiße Diskussion aus. Stellt Ihr Kind in einem Streitgespräch Ihre Maßstäbe und Maßgaben infrage, begehrt es zornig auf, dann versuchen Sie ernsthaft, seinen Standpunkt zu verstehen. Lassen Sie sich auf eine Auseinandersetzung ein. Zeigen Sie ihm gleichzeitig, welche Spielregeln beim Diskutieren zu beachten sind. Ihr Sprössling lernt so, dass er mitdenken, mitbestimmen darf und seine Meinung gefragt ist. Bei allem Reden und Streiten sollte immer durchschimmern, dass die Meinung und die Haltung des Gesprächspartners ernst genommen werden. Ein paar Tipps:

- Vermeiden Sie komplizierte Erklärungen, ein langes und lautes Palaver. Reden Sie nicht zu intensiv auf Ihren Gesprächspartner ein, sonst schaltet er bald ab.
- Hören Sie zu. Lassen Sie Ihren Gesprächspartner aussprechen.
- Nehmen Sie Kritik ernst.
- Gehen Sie auf Ihren Gesprächspartner ein. Fragen Sie nach.
- Bringen Sie Verständnis für andere Standpunkte auf und für neue Gedanken.
- Streben Sie eine Einigung an, steuern Sie eventuell einen Kompromiss an.

Eltern, die vernünftig und sachlich diskutieren können, sind ein brauchbares Vorbild für ihren Nachwuchs, der davon lernen wird.

■ Seien Sie möglichst konsequent. Achten Sie darauf, dass sich alle Familienmitglieder an verabredete Regeln halten. Und reagieren Sie, wenn Grenzen überschritten werden. Ein Beispiel:

- Hängt Ihr Sprössling mittags vor der Glotze, statt sich, wie verabredet, das Biobuch vorzuknöpfen, wird der für den Nachmittag geplante Ausflug ins Schwimmbad – als logische Konsequenz – eben gestrichen.

Manchem Erziehungsberechtigten fällt es schwer, so konsequent und eindeutig zu sein, aber die Mühe lohnt sich.

- Wird die Hausaufgabe regelmäßig unleserlich eilig ins Heft geschmiert, weil das Kind sich verabredet hat, dann muss man dem Freund absagen.

Weitere Tipps

Dass sie sich an verabredete Regeln halten, Grenzen beachten müssen und Freiräume für sich nutzen können, kann ein Kind ohne Extraprogramm, ganz nebenbei, lernen. Regen Sie Spiele und Beschäftigungen an, bei denen bestimmte Regeln zu beachten sind.

- **Gesellschaftsspiele** wie etwa die Klassiker »Mensch ärgere dich nicht«, »Fang den Hut« oder »Malefiz«: Hier sind immer mehrere Spieler beteiligt. Schummeln ist nicht erlaubt. Man muss sich an die Regeln halten – eine Lektion, die zu lernen nicht jedem leichtfällt.

- **Bewegungs- und Mannschaftsspiele** wie zum Beispiel Fußball, Tennis, Hockey … Oder Spiele wie
  - **Festung.** Je mehr mitmachen, desto besser. Alle, bis auf einen Spieler, bilden einen Kreis und stehen breitbeinig auf dem Boden. Die Beine dürfen nicht bewegt werden. Nur mit den Armen müssen die Mitspieler versuchen, einen Ball abzuwehren, der von dem außen stehenden Werfer durch die gespreizten Beine in den Kreis geworfen wird. Wer den Ball durchlässt, ist der nächste Werfer.

- **Kartenspiele** von Spielen wie Schwarzer Peter, Schnipp-Schnapp oder Mau-Mau.

- **Würfelspiele,** die nicht nur Spaß machen, sondern Kindern auch beibringen, sich an die Spielregeln zu halten, wie zum Beispiel
  - **Filzlaus.** Der jüngste Spieler beginnt, würfelt höchstens zehnmal. Hat er eine Eins geworfen, ist der nächste Spieler an der Reihe. Wer keine Eins wirft, verliert. Werfen alle eine Eins, ist der Verlierer, der die Eins zuletzt gewürfelt hat.

Stärken Sie das Selbstwertgefühl

Große Klassen in der Schule, ungeduldige Lehrer, zappelige Mitschüler, die ruppig mit ihm umspringen – weil sich manches Kind in der Schule nicht wirklich sicher und wohl fühlt, braucht es Eltern, die sein Selbstwertgefühl stärken. Ihre stete Zuwendung ist Balsam für die Kinderseele. Wer über ein gutes Selbstwertgefühl verfügt, kommt mit den ganz normalen Anforderungen des Alltags zurande, auch mit den Anforderungen in der Schule. Üben Sie mit Ihrem Kind geduldig Durchhaltevermögen, Selbstverantwortung, Rücksichtnahme, Einfühlungsvermögen – trainieren Sie diese Fähigkeiten so geduldig wie das Lesen, Rechnen und Schreiben.
Vertrauen, Anerkennung, Sicherheit und eine sichere Bindung sind Voraussetzung dafür, dass ein Kind neugierig und wissbegierig bleibt, voller Zutrauen in die eigenen Fähigkeiten, dass es die Welt erkunden will, dass es Konzentrationsfähigkeit entwickeln und Freude an seinen Erfolgen genießen kann – das sagen nicht nur die Psychologen, sondern auch die Hirnforscher. Was Sie dazu gezielt tun können:

■ Machen Sie deutlich, dass Sie mit Ihrem Kind einverstanden sind:
»Ich mag dich genau so, wie du bist!«
»Ich habe dich lieb, ganz egal, was du machst und tust!«
Zeigen Sie ihm, dass Sie es lieben – mit oder ohne gute Noten.
Freuen Sie sich an seiner Wesensart und Entwicklung, auch wenn Ihnen vielleicht manche seiner Eigenschaften fremd sind.

■ Beweisen Sie Ihr Vertrauen in sein Wissen und Können, drücken Sie dieses Vertrauen aus:
»Du wirst schon klarkommen mit der nächsten Schulaufgabe!«
»Ich weiß doch, dass du ein kluges Kind bist. Und kluge Kinder lernen gut Vokabeln, da bin ich mir ganz sicher!«

■ Machen Sie deutlich, dass Sie Interesse haben an seiner gesamten Entwicklung, nicht nur an seiner Leistungsfähigkeit und seinen Fortschritten in der Schule.

■ Nehmen Sie Ihr Kind ernst. Zollen Sie ihm Anerkennung, und zwar nicht nur für außergewöhnliche Leistungen, sondern für seinen ganz normalen Einsatz im Alltag. Begegnen Sie ihm immer mit Achtung. Das heißt: Degradieren Sie Ihr Kind nicht zum unmündigen Befehlsempfänger, der zu tun hat, was Sie von ihm erwarten, sondern erklären Sie ihm immer kurz,

Suchen Sie häufiger das Gespräch

Suchen Sie Gespräche über Schulfragen, über Freunde, über Sachthemen. Fragen Sie nach Erlebnissen und Empfindungen. Ermuntern Sie Ihren Sohn, Ihre Tochter, von Erlebnissen, Gedanken und Gefühlen zu erzählen. Aber bitte nicht ausfragen, nicht hartnäckig insistieren, denn zu eifriges Nachhaken nervt. Keiner lässt sich gerne aushorchen. Das vergisst mancher Erwachsene leicht und stellt unaufgefordert und eindringlich Frage um Frage nach Ängsten und Nöten, Freuden und Ärgernissen. Die meisten Kinder legen ausdrücklich Wert darauf, dass ihre Intimsphäre respektiert wird, und empfinden eine Ausfragerei als unerlaubten Übergriff. Sie reagieren verschreckt darauf und verstummen, wenn sie pure Neugier hinter dem Nachfragen vermuten.

Reagiert der Befragte auf vorsichtiges Fragen nicht, macht es mehr Sinn, geduldig abzuwarten, bis er von sich aus ein Gespräch sucht. Oder man hakt nach einer Weile noch einmal vorsichtig und möglichst sachlich, möglichst präzise mit einer kurzen Frage nach, die zeigt: Ich bin wirklich an deiner Sache interessiert.

sachlich und ganz selbstverständlich, warum Sie diesen oder jenen Wunsch haben und weshalb es Sinn macht, diesen Wunsch zu erfüllen – zum Beispiel:
»Du solltest dein Zimmer mal wieder aufräumen, damit gründlich sauber gemacht werden kann! Der Staub sammelt sich schon unter dem Bett!«
»Schreib deiner Großmutter einen Brief, und mach ihr eine Freude, denn sie ist viel allein. So fühlt sie sich vielleicht ein bisschen weniger einsam!«
Ernst nehmen heißt auch, dass Sie sich mit Ihrem Kind auseinandersetzen, wenn es sein muss. Zeigen Sie ihm, dass Sie seine Meinung respektieren, auch wenn sie mit Ihrer nicht übereinstimmt.
»Ich kann nachvollziehen, warum du deine Hausaufgaben lieber abends erledigen willst als mittags. Aber bedenke, dass ...«
»Ich meine, du solltest jetzt für die Mathearbeit üben, weil ...!«

■ **Strahlen Sie Zuversicht aus** nach dem Motto: »Probleme sind dazu da, dass sie gelöst werden. Gemeinsam wird uns schon die richtige Lösung einfallen!«
Wenn sich die Hausaufgaben vor ihm auftürmen, spornen Sie Ihr Schulkind an:
»Du schaffst das schon!«
»Beiß dich durch!«

■ **Ermutigen Sie Ihr Kind,** anstehende Herausforderungen couragiert anzugehen, denn die Anforderungen sind groß, und zwar nicht nur in der Schule. Der Leistungs- und Erfolgsdruck macht Kindern zu schaffen. Werden Sie nicht müde, es zu ermuntern: beim Sport, beim Lernen, bei all seinem Tun und Treiben.
»Ich weiß, dass du dein Bestes gibst! Ich kenne dich doch!«
»Du hast wirklich einen Batzen Energie, das spüre ich, wenn ich dir beim Arbeiten zuschaue!«
Ihre Aufgabe ist es, Ihr Kind einerseits zu stabilisieren, damit es Druck standhält. Es andererseits zu bremsen, wenn der Druck zu groß wird und es sich überfordert – ein Balanceakt.

■ **Reden Sie mit Ihrem Kind häufiger über seine Stärken,** über sein Durchhaltevermögen. Wenn die blöde Deutschhausaufgabe partout kein Ende nehmen, wenn das alte Fahrrad sich einfach nicht reparieren lassen will (»Die Kette springt immer wieder raus!«) und bei hundert anderen Gelegenheiten sind Durchhalteparolen gefragt wie:
»Du hast doch noch nie aufgegeben. Dieses bisschen wirst du auch noch schaffen, da bin ich ganz sicher!«
»Du hast einen starken Willen – genauso wie dein Großvater!«

■ **Loben Sie Ihr Kind oft,** denn Lob kann Berge versetzen und ist Treibstoff für den Leistungsmotor. Obwohl schon groß und vernünftig, möchte auch ein Schulkind in seinem Tun, Denken und Fühlen von Eltern und Geschwistern intensiv wahrgenommen und gelobt werden. Natürlich mag es nicht ob jeder Kleinigkeit überschwänglich gelobt werden, aber die bemerkenswerteren Dinge, die es vollbringt, sollten bitte gebührend gewürdigt werden: der Sprung vom Meterbrett ins Wasserbecken oder die superschnelle Null-Komma-nichts-Erledigung einer schwierigen

Matheaufgabe ohne einen einzigen Fehler oder die aus Lindenholz geschnitzte Flöte, die sogar funktioniert. Bitte nicht zu sparsam loben (»Geht schon!«), nicht zu übertrieben(»Wirklich sehr, sehr gut – einfach superfabelhaft!«) und nicht ungezielt (»Über dich kann man sich freuen!«). Ein Lob sollte angemessen, möglichst spontan und präzise sein.

Loben Sie nicht nur das Ergebnis allen Bemühens, nicht nur die Zensuren und Zeugnisse, sondern den Lernprozess:
»Du bist wirklich schnell und hast den Riesenberg an Matheaufgaben in kurzer Zeit bewältigt, und das auch noch ohne Fehler!«
»Plötzlich rennst du allen auf und davon! Toll, wie viel Power du hast!«
Ein pauschales Lob bringt wenig. Wenn Sie dagegen beim Loben genau auf den Punkt kommen, sich präzise ausdrücken, machen Sie dem Belobigten die größte Freude.
Ein richtiges Lob beflügelt immer, aber ein Lob, das Überraschung ausdrückt, wirkt doppelt stark und bleibt eher im Gedächtnis hängen.
Zeigen Sie Ihre Begeisterung für die Entwicklung Ihres Kindes – auch, wenn es schon älter ist. Denn ein Kindergartenkind bekommt noch bei jedem Minifortschritt ein lautes »Super« zu hören. Ein Schulkind wird dagegen in der Regel sel-

Loben? Ja – aber richtig!

Machen Sie kein großes Getue um das Loben, denn unangenehme Übertreibung mindert die Freude. Eine im richtigen Augenblick ausgesprochene Anerkennung wirkt dagegen ermutigend.

Schränken Sie ein Lob bitte nicht gleich wieder ein durch einen Zusatz wie etwa »Bewundernswert, kein Fehler im Diktat, aber deine Schrift könnte wirklich besser sein!«

Loben Sie nicht jede kleine Tat, sondern loben Sie nur, wenn auch wirklich Außergewöhnliches, Lobenswertes vorausgegangen ist. Loben Eltern ihr Kind, weil sie ihm Mut machen oder es trösten möchten, durchschaut es ihre Strategie wahrscheinlich und fühlt sich nicht ernst genommen. »Die sagen das ja nur einfach so dahin!«

Bleiben Sie nicht zu allgemein. Schneiden Sie ein Lob speziell auf die Bedürfnisse Ihrer Tochter, Ihres Sohnes zu. Scheren Sie Kinder auch beim Loben nicht über einen Kamm. Ein Klassenprimus will für andere Taten gelobt werden als ein Kind, das sich mit dem Lernen schwertut.

tener gelobt. Der Grund: Die Erwachsenen haben sich inzwischen daran gewöhnt, dass ihr Kind Fortschritte macht, und deshalb vergessen sie das Jubeln leicht. Dabei könnte es ein Lob als Ansporn heute ebenso gut gebrauchen.

■ **Üben Sie konstruktive Kritik** in Form einer Ich-Botschaft, denn nicht immer ist Lob angebracht. Manchmal gibt es einiges zu kritisieren: Die Hausaufgaben sind nicht erledigt. Für die Bio-Ex wurde nicht gelernt … Kritik sollte möglichst konkret mit einer Ich-Botschaft formuliert sein:
»Ich meine, dass du zu spät mit deinem Referat angefangen hast. Beim nächsten Mal solltest du dir die Zeit für solche größeren Aufgaben besser einteilen!«
»Ich finde, du hättest beim Malen des Bildes nicht so schnell aufgeben sollen. Vielleicht solltest du dich mehr in Geduld üben!«
Wird die Kritik freundlich und möglichst sachlich vorgebracht, eventuell mit einem glaubwürdigen Lob kombiniert, kommt sie besser an.

■ **Belohnen Sie Ihr Kind,** aber gehen Sie sparsam mit diesem Mittel um. Belohnungen können die Motivation vielleicht kurzfristig erhöhen, aber nicht langfristig. Ein Beispiel: Wird ein Schüler für intensives Mathelernen mit Schokolade belohnt, ist er vielleicht wirklich mit mehr Eifer bei der Sache. Die besondere Begeisterung verebbt aber bald, wenn die Schokolade wieder gestrichen wird. Eine Erklärung: Er konnte sich für die Matheaufgaben nur erwärmen, weil eine Belohnung winkte, aber nicht aus innerer Überzeugung. Äußere Faktoren wie eine Belohnung überlagern den inneren Antrieb. Dieser innere Drang wird durch positive Gefühle ausgelöst wie Wohlbefinden und Freude.

Erfahrene Eltern schwören auf den Erfolg eines Bonussystems: Für jede erledigte Hausaufgaben- oder Lerneinheit vergeben Sie einen Punkt. Wer zwölf Punkte gesammelt hat, darf sich eine Belohnung abholen.
Ist ein Kind allerdings an Belohnung gewöhnt, besteht die Gefahr, dass es sich nur noch anstrengt, um Süßes, Geld oder Geschenke einzuheimsen, und nicht mehr, um innere Zufriedenheit oder ein Glücksgefühl zu erreichen. Der »Handel« mit Belohnungen ist also nicht ganz unproblematisch.

■ **Beliebte Fehler:** Nicht jedem gelingt es, Zuwendung und Aufmerksamkeit vernünftig zu dosieren. Mancher übertreibt dabei mächtig. Ein Beispiel:
Seit ein paar Jahren schon geht das Kind zur Schule. Seine Mutter begleitet es morgens. Jedenfalls in Gedanken geht sie mit. Und nachmittags nimmt sie den gesamten Lehrstoff von A bis Z noch einmal mit ihrer Tochter durch. Abends beschäftigt sie sich mit lateinischer Grammatik. Und vor dem Schlafengehen lässt sie sich das Deutschreferat in allen Einzelheiten vortragen. Ganz selbstverständlich übt sie für Tests und Schulaufgaben. Fest davon überzeugt, dass ihr Kind ohne ihr Zutun in der Schule Schaden erleiden wird, klinkt sie sich täglich stundenlang in das Lerngeschehen ein.

Innere und äußere Motivation

Wovon hängt es ab, ob ein Kind Freude am Lernen hat? Sowohl seine Veranlagung als auch seine Lebenserfahrung spielen dabei eine Rolle. Spätestens wenn das Lernen nicht so gut klappt, wie es klappen könnte, oder die Schule sogar als Horror empfunden wird, nur noch als Strapaze und nicht mehr als Freude, denken Eltern darüber nach, wie sie ihrem Kind entsprechend anregende Lebenserfahrungen verschaffen, wie sie es motivieren können. Dazu muss man wissen, dass Motivation unterschiedliche Quellen hat. Es geht um:

Innere Motivation. Damit ist der innere Drang gemeint, der einen Schüler antreibt und oft ungeahnte Kräfte freisetzt. Neugier, Freude, Glücksgefühle sind die besten inneren Antriebsquellen. Weil es gerne malt, weil es begeistert Sport treibt oder musiziert – um einer Sache willen, die es fasziniert, entwickelt ein Kind den Antrieb, sich in ein Thema zu vertiefen, sich anzustrengen, Ausdauer zu entwickeln. Nur durch geschickte Anleitung, wegen der guten Absicht der Eltern wird es das nicht tun. Es organisiert sein Lerntempo, seine Lernbereitschaft selbst und akzeptiert, dass das Lernen auch einmal mühsam sein kann. Das sind notwendige Durststrecken, die man überwinden muss. Die innere halten Psychologen für die stärkste Motivation, denn sie steigert das Lustgefühl beim Lernen:

Völlig in seine Arbeit versunken versucht ein Bastler, aus Schachteln und Rollen eine Burg zu bauen und zu kleben. Seine Umwelt nimmt er dabei kaum noch wahr.

Total davon begeistert, dass er die CNN-Nachrichten im Fernsehen versteht, greift ein Schüler zum Vokabelheft und lernt freiwillig neue Englischwörter.
Der innere Drang, ein Wunschziel zu erreichen, setzt ungeahnte Kräfte frei, steigert die Konzentrationsfähigkeit und ruft Glücksgefühle hervor. Die Leidenschaft ist die beste Belohnung für alle Mühe.

Äußere Motivation. Damit ist der Antrieb von außen gemeint. Ein Euro für eine Zwei in Englisch! Eine Tafel Schokolade für tipptopp erledigte Hausaufgaben – Erwachsene versuchen Kinder mit Hilfe von Lob und Belohnung oder einer bestimmten Lehrmethode zu besseren Leistungen anzustacheln. Dieses System kann zwar funktionieren, gerät aber leicht aus der Balance. Außerdem wird meist weniger gründlich studiert, wenn äußere Faktoren das Lernen bestimmen.

Keinem Kind bekommt so viel geballte Aufmerksamkeit. Das eine oder andere hält sich daraufhin für den Nabel der Welt, für den Mittelpunkt allen Geschehens – auch diese Erfahrung kann überfordern. So weisen Psychologen darauf hin, dass ein Zuviel an Fürsorge und Unterstützung zu ähnlich negativen Ergebnissen führen kann wie ein Zuviel an Keksen und Schokolade: Das Kind ist überfüttert mit Zuwendung. Wer versucht, sein Herzblatt mit immer neuen Tipps und Tricks auf Trab und bei Laune zu halten, nimmt ihm die Chance, aus eigenem Antrieb auf die Sprünge zu kommen. Ein übertrieben perfektes Bildungsmanagement, eine Rundumversorgung mit Fördermaßnahmen und Anregungen macht niemanden glücklicher, begeisterungsfähiger, klüger, selbstsicherer. Deshalb ist auch beim Kümmern und Sorgen Maßhalten angesagt.

Aber natürlich ist es ebenso bedenklich, einem Kind zu wenig Aufmerksamkeit zu schenken und es allzu häufig mit Bemerkungen abzuwimmeln wie:

»Ich habe keine Zeit, mich zu kümmern!«

»Ich kann jetzt nicht – nachher bin ich für dich da!«

Wer zu wenig Aufmerksamkeit erfährt, holt sich oft mit Macht, was er braucht: Er stört. Er provoziert. Er macht Schwierigkeiten (auch in der Schule). Er tut alles, damit sich die Erwachsenen ihm endlich zuwenden.

Noch eins: Gehen Sie bitte nicht einfach unsensibel über die Gefühle und Vorstellungen eines Kindes hinweg, etwa mit Bemerkungen wie:

»Das kannst du noch nicht richtig begreifen und beurteilen!«,

»Hier habe immer noch ich zu sagen, wo es langgeht!«,

sondern lassen Sie seine Meinung gelten. Und vermeiden Sie Ironie. Verkneifen Sie sich Kommentare wie:

»Du hast ja wirklich einen tollen Aufsatz geschrieben … Wann schreibst du deinen ersten Roman?«

»Du bist ja ein wahrer Mathekünstler!«

Solche Sätze klingen in Kinderohren eher nach Missachtung denn nach Achtung und Freude. Machen Sie sich bitte nie über Ihren Sohn oder Ihre Tochter direkt oder indirekt lustig, denn das schlägt Wunden, die wehtun. Amüsieren Sie sich auch nicht auf Kosten Ihres Kindes über Fehler, die in der Schule oder bei den Hausaufgaben gemacht werden. An diesem Punkt versteht keiner Spaß.

Weitere Tipps

Im Laufe ihrer Entwicklung lernen Kinder mit immer komplexeren, schwierigeren Situationen fertigzuwerden. Dabei entdecken sie probierend und kontrollierend ihre eigenen Fähigkeiten und sammeln wichtige Selbsterfahrungen.

- **Regen Sie Spiele und Beschäftigungen an,** die positive Erlebnisse ermöglichen und das Selbstwertgefühl steigern:
- **Wer bin ich?** Wer übt seine Ausdrucksfähigkeit und stellt sich Grimassen schneidend vor den Spiegel und spielt Theater: »Wie sehe ich aus, wenn ich wütend bin? Wie, wenn ich traurig bin? Wie, wenn ich fröhlich bin?«

- Fotografieren. Eine Übung, die schüchterne Kinder dazu bringen kann, mehr aus sich herauszugehen, aber auch andere Kinder weiterbringt: In den Fotoapparat lächeln. Sich von der besten Seite zeigen. Posieren. Verschiedene Rollen vor dem Fotoapparat spielen wie »der Traurige« oder »die Wütende« – keine einfache Übung für introvertiertere Gemüter.
- Verkleiden. »Was steht mir? Was steht mir nicht? Wie sehe ich mich?« Verkleidungsspiele helfen bei dem Versuch, die eigene Identität zu erkennen. Alte Kleider, Stoffreste, Hüte, Tücher, Bänder, Gürtel – aus einer Verkleidungskiste gefischte Stoffe und Klamotten werden zu Kostümen. Welche Verkleidungen passen am besten zu wem und warum?
- Hört mich an! Einer stellt sich vor seine Mitspieler und redet über ein selbst gewähltes Thema, das ihm besonders am Herzen liegt. Die Zuhörer dürfen unterbrechen (aber nicht zu häufig) und Zwischenfragen stellen. Wer wählt welches Thema und warum gerade dieses?
- Hineinhorchen. Das Kind konzentriert sich während dieser Übung auf seine Wahrnehmungen und Bewegungen. Es liegt entspannt auf dem Rücken und horcht in sich hinein. Gluckert der Bauch oder knurrt er? Kribbelt ein Bein?
- Der große Auftritt. Wer lernt ein Gedicht auswendig und sagt es vor laufender Kamera auf? Anschließend ist ein anderer aus der Familie an der Reihe. Später schauen sich alle gemeinsam den Film an und beurteilen ihn. Wie hat sich der Gedichtaufsager geschlagen? Hat er deutlich genug gesprochen? Wie hat er auf seine Zuhörer gewirkt? Die freie Rede vor Publikum ist für zurückhaltende Kinder meistens ein Problem – gut, wenn solch ein Auftritt frühzeitig spielerisch geübt wird.

Fördern Sie die Selbstständigkeit

Mit jedem neuen Schuljahr löst sich ein Kind mehr aus der Abhängigkeit von Eltern und Geschwistern. Es wird deutlich selbstständiger. Mit dem Übertritt auf eine weiterführende Schule wachsen die Anforderungen an seine Selbstständigkeit um ein weiteres Stück, aber dennoch braucht es bei diesem Entwicklungsprozess noch die intensive Begleitung und Unterstützung seiner Eltern. Was können Sie tun, um seine Selbstständigkeit auch in dieser Übertrittsphase besonders zu fördern?

- Vertrauen Sie auf das Können und Wissen Ihres Sprösslings. So stärken Sie nicht nur seine Selbstständigkeit, sondern auch sein Selbstvertrauen. Ein neugieriges Kind, das seinem Forscherdrang nachgehen kann und nicht dauernd gebremst und eingeengt wird, sammelt zuhauf neue Erfahrungen und tut damit gezielt Gutes für die Entwicklung seines Gehirns. Denn seine Aktivitäten, seine neuen Fähigkeiten und Erkenntnisse tragen dazu bei, dass sich neue Nervenverbindungen bilden und schon vorhandene neu verknüpfen. Alles zusammen bedeutet: Der Denkapparat wird effektiver.

- **Gestehen Sie Ihrem Kind genug Freiraum zu.** Neben einigen Regeln und Grenzen braucht Ihr Sprössling genug Freiraum für die Entwicklung seiner Selbstständigkeit – zum Beispiel beim Lernen: Auch in puncto Schule und Lernen sollten sich Eltern jetzt zunehmend abgrenzen, langsam auf mehr Distanz gehen mit Bemerkungen wie:

»Das sind deine Hausaufgaben und nicht meine. Du musst selbst wissen, ob du den Text noch einmal schreibst oder nicht. Aber ich kann ihn noch einmal durchlesen und dir sagen, was ich davon halte!«

»Diese miese Note hast du fabriziert, und du musst dir überlegen, was du tun kannst, damit die nächste Zensur besser ausfällt. Aber ich kann dich abhören, wenn dir das hilft!«

- **Bitten Sie Ihr Kind, selbst zu bestimmen,** wenn es in Entscheidungsmomenten die Wahl hat. Ermutigen Sie es, aktiv zu werden, mit Sätzen wie:

»Es ist deine Sache, ob du die Matheaufgaben noch einmal nachrechnest oder nicht. Das kann ich nicht für dich entscheiden!«

»Es ist deine Sache, ob du den Text noch einmal abschreibst oder nicht. Ich würde es tun, damit die Seite richtig sauber und ordentlich aussieht!«

Obwohl schon geübt in Selbstständigkeit, fällt es einem Zehn-, Elf-, Zwölfjährigen noch schwer, verantwortungsvoll mit seiner Freiheit umzugehen – auch das ist ein Lernprozess.

Bieten Sie »Übungsaufgaben« an, um die größer gewordene Selbstständigkeit zu trainieren. So übt Ihr Kind zum Beispiel,

- **wenn es** allein mit der U-Bahn unterwegs ist,
- **wenn es** mit der Familie der Freundin in die Ferien fährt,
- **wenn es** allein in der Küche hantiert, um eine Portion Nudeln zu kochen.

Fördern Sie Unternehmungen, die Selbstständigkeit verlangen. Lassen Sie zu, dass Ihr Kind seine Abenteuergelüste erfüllen, seiner Experimentierfreude weitgehend nachgehen kann, und akzeptieren Sie, dass dabei auch mal ein paar Späne fallen. Regen Sie Gemeinschaftsaktionen an wie Museumsbesuche, Ausflüge in den Wald ... Auch bei allen gemeinsamen Unternehmungen kann Ihr Kind seine Selbstständigkeit üben: Lassen Sie es per Stadtplan den richtigen Weg erkunden – zum Museum, zum Kino, und lassen Sie sich von ihm einfach an die Hand nehmen. Stapfen Sie hinterher in den Bus oder in die S-Bahn. Und wenn der Weg sich als umständlich erweisen sollte, verkneifen Sie sich das Besserwissen. Es ist nicht einfach für einen Anfänger, Fahrpläne zu entziffern, Stadtpläne zu verstehen und Landkarten zu studieren. Das will gründlich geübt werden.

- **Üben Sie sich in Zurückhaltung.** Immer wieder sollten Mütter und Väter überprüfen, ob die Balance stimmt, die sie halten wollen:

Einerseits Nähe bieten. Anteil nehmen am Leben Ihres Sohnes, Ihrer Tochter. Mitschwingen. Mitspielen. Erklären. Vorgaben machen. Zeit in das Familienleben investieren. Dem Kind zuverlässig ungeteilte Aufmerksamkeit schenken. Seinen Schritten mit den Augen folgen, mit den Ohren – vor allem jedoch mit dem Herzen und dem Verstand.

Andererseits auf Abstand gehen. Immer mehr Selbstständigkeit zulassen. Genug Raum, genug Freiheit für eigene Erfahrungen bieten. Dem Nachwuchs nicht zu dicht auf die Pelle rücken, damit er bei aller Geborgenheit genug Luft zum Atmen hat und selbstständig werden kann – auch und gerade in Schuldingen zunehmend die Verantwortung übernimmt.

Vor allem den ängstlicheren Gemütern unter den Eltern macht das Loslassen Schwierigkeiten, weil sie in Sorge um ihr Kind sind, weil sie seine Entwicklung optimal fördern möchten und hohe Ansprüche haben ... Hundert gute Gründe fallen ihnen ein, warum sie sich kümmern müssen. Letztlich helfen ihnen ihre elterliche Erfahrung und Intuition, den richtigen Weg zu finden.

Eine konkrete Frage, die alle Eltern umtreibt: »Wie viel Selbstverantwortung ist möglich? Wie weit kann ein Schulkind bereits für sich selbst sorgen, etwa in puncto Hausaufgaben?« Die einen meinen, ein Zehnjähriger könne seine Hausaufgaben ohne elterliche Hilfe nicht schaffen, die anderen, er müsse mit seinen Hausaufgaben ohne »Nachhilfe« klarkommen. Die meisten Pädagogen raten, ein Kind solle frühzeitig lernen, seine Hausaufgaben selbst zu organisieren. Ihr Ratschlag: Bleiben Sie beim Hausaufgabenmachen in erreichbarer Nähe für eventuelle Nachfragen, mischen Sie sich aber nicht ungefragt ein, denn selbstbestimmtes Lernen stärkt das Verantwortungsgefühl und ist erfolgreicher als strikt vorgegebenes. Was Sie sonst noch tun können:

- **Helfen Sie nur, wenn es sein muss** – beim Diktatüben zum Beispiel. Falls der Groschen einfach nicht fallen will, seien Sie geduldig, möglichst gelassen, pfuschen Sie Ihrem Kind nicht vorschnell ins Handwerk, sondern warten Sie ab, bis Ihr Einsatz wirklich gebraucht wird, etwa wenn sich bei der Bioarbeit oder der Matheaufgabe echte Probleme auftun. Ist Ihr Einsatz unbedingt gefragt, dann beschränken Sie sich auf kleinere Hinweise. Präsentieren Sie Ihrem Kind keine perfekte Lösung, sondern lassen Sie ihm die Freude am Tüfteln. Es ist erfreulicher, die Lösung einer Aufgabe nach langem Knobeln schließlich doch noch selbst zu finden. Machen Sie Ihrem Spross immer Mut zur Selbsthilfe:
  »Versuch es noch einmal alleine!«
  »Nimm dir Zeit, probier es wieder und wieder!«

Eltern sollten hier die passive, ihr Nachwuchs die aktive Rolle haben. Geben Sie vor allem Hilfestellung zur Selbsthilfe, begleiten Sie Ihr Kind von einem Lernschritt zum anderen:

Der erste Schritt: Sie geben ein Beispiel vor, das die Aufgabe verdeutlicht.

Der zweite Schritt: Sie führen Ihr Kind ein Stück näher an die Lösung heran mit Ermunterungen wie:

»Danach machst du alleine weiter!«

»Wetten, dass du mich dann nicht mehr brauchen wirst?!«

Auf den natürlichen Rhythmus achten

Unsere Leistungsfähigkeit ist von einer inneren Uhr gesteuert. So hat auch die Lernfähigkeit eines Kindes ihren eigenen Rhythmus, der nur begrenzt beeinflussbar ist. Lernforscher haben herausgefunden, dass die Lernfähigkeit zwei Höhepunkte pro Tag hat:

Erstens: Ab neun Uhr am Morgen, zwei, drei Stunden lang.

Zweitens: Gegen 16 Uhr, wieder zwei bis drei Stunden anhaltend. Wer seine Leistungsfähigkeit steigern möchte, sollte auf diese innere Uhr achten, sein Lern- und Pausenprogramm darauf abstimmen. Wer diese biologischen Bedingungen dagegen außer Acht lässt, braucht die doppelte Energie und zusätzliche Kraft zum Lernen und Arbeiten.

Fazit: Gestehen Sie Ihrem Sohn, Ihrer Tochter frühzeitig Selbstverantwortung zu. Manches Schulkind fühlt sich wie von einer schweren Last befreit, atmet auf, lernt entspannter und wesentlich beschwingter seine Matheformeln oder Vokabeln, wenn Mama und Papa ihm nicht zu sehr im Nacken sitzen mit Wünschen wie:

»Lass mich mal Vokabeln abfragen!«

»Ich will mal deinen Aufsatz durchlesen, gib mir bitte das Heft!«

- Legen Sie die Zeit für die Hausaufgaben fest – nicht allein, sondern in Absprache mit Ihrem Kind: Wann ist der richtige Zeitpunkt? Experten empfehlen, dass Hausaufgaben zwischen drei und sechs Uhr gemacht werden, wenn sich Ihr Kind vom Schulstress erholt hat und wieder leistungsfähig ist. Wenn diese Phase jedoch genau die Zeit ist, die ein Junge zum Fußballspielen mit Nachbarskindern nutzen will, dann sollten Eltern abwägen: Was ist wichtiger? Sollte die Bewegung an der frischen Luft, das gemeinsame Spielen nicht Vorrang haben? Bei der Entscheidung sollte auch der Biorhythmus beachtet werden.

Ihr Kind sollte möglichst selbst entscheiden, wann es seine Aufgaben erledigen will und in welcher Reihenfolge.

Wer soll sich das Ganze noch einmal anschauen? Zum Schluss anschauen, wenn die Aufgaben erledigt sind? Oder lieber zwischendurch anschauen, bevor eine neue Aufgabe in Angriff genommen wird? Das Zepter möchte ein Kind selbst in der Hand halten und sich in Selbstverantwortung üben.

- Beliebte Fehler: Manche Eltern sind nervige Besserwisser, die permanent sagen müssen, wo's langgeht. Besonders bei den

Hausaufgaben und anderen Lernthemen bestimmen sie gerne, wie der Hase zu laufen hat:
»Du fängst am besten mit Mathe an, dann hast du das Schlimmste gleich hinter dir!«
»Du kannst doch nicht bei Musik Hausaufgaben machen, das lenkt dich ab!«
Vor allem bei Auseinandersetzungen über die Freiheiten und Grenzen gehen Mütter und Väter oft auf Konfrontationskurs:

- Sie verstricken sich in Machtkämpfe. Lassen Sie sich nicht auf solche Kämpfe ein, denn dabei geraten alle Beteiligten in eine Sackgasse, aus der man nur schwer wieder herausfindet.
- Sie schimpfen bei jeder Kleinigkeit. Schimpfen bringt keinen zur Einsicht, sondern nur dazu, die Ohren auf Durchzug zu schalten. Wer häufig motzt, bekommt außerdem gerne den Schwarzen Peter zugeschoben: Er wird als ewig Unzufriedener abgestempelt, dem man nicht zuhören muss, weil er sowieso immer unzufrieden ist. Verzichten Sie auf Ermahnungen, denn sie verpesten das Klima, verstärken Unlust und machen schlechte Stimmung. Keiner lernt besser, wenn er zu hören bekommt:
  »Komm endlich in die Gänge, und spute dich mit deinen Hausaufgaben!«
  »Warum trödelst du so? Bist du immer noch nicht fertig mit dem Schreiben?«
  »Wie lange willst du noch hier sitzen? Dein Bruder ist schon seit Stunden fertig mit seiner Lernerei!«

Wenn ihr Kind sein Bedürfnis nach Freiheit und sein Verantwortungs- und Pflichtgefühl nicht unter einen Hut bekommt, etwa seine Schulpflichten nicht ernst genug nimmt, greifen Eltern gerne ein – bemüht, diese negative Entwicklung mit Ermahnungen zu bremsen wie
»Hör auf damit!«
»Gib das Schlampen auf!«
Fahren Sie bitte nicht vorschnell dazwischen, wenn manche Dinge nicht so glattlaufen, wie Sie es gerne hätten, und es im Kinderzimmer mal poltert und in der Küche mal kracht:
Väter, die gleich eingreifen und ihrem Kind den Chemiekasten mit einem »Gib mir mal!« aus der Hand reißen, ermuntern nicht zum Experimentieren, sondern nehmen ihrem Sprössling die Traute, weiterzuforschen.
Mütter, die gleich den Stift in die Hand nehmen, wenn ein selbst gemaltes Bild nicht so »schön« ausfällt, wie sie sich das gedacht haben, und mit einem »Das sollst du so und nicht anders machen!« bremsen, animieren auch nicht gerade zum Weitermalen.
Wenn das selbstständige Arbeiten noch nicht wirklich klappt, legen Sie den Finger bitte nicht gleich in die Wunde mit Sätzen wie:
»Damit bist du noch überfordert, lass mich mal machen!«
»Du weißt doch ganz genau, dass das nicht geht!«
»Wieso machst du hier so einen dämlichen Fehler?«
Eltern neigen zur Ungeduld. Oft fällt es ihnen schwer, abzuwarten. Beaufsichtigen sie die Hausaufgaben, haben sie blitzschnell eine Lösung parat und platzen damit heraus:
»Ist doch klar, dass zum Schluss eine Drei herauskommt!«

»Schreib doch einfach, dass der Mann nicht im Recht war.«

- Sie kommen mit Strafen. Verzichten Sie möglichst auf Strafen, denn Strafen gelten vielen Betroffenen als unangebrachtes Machtmittel. Sie können die Eltern-Kind-Beziehung belasten, weil sie von dem Bestraften oft als Willkür begriffen werden: »Dagegen komme ich sowieso nicht an!«

Mit Strafaktionen wird unerwünschtes Verhalten oft eher verstärkt als beseitigt, weil es provoziert, den Stachel erst recht zu löcken nach dem Motto: »Mal sehen, wer den längeren Atem hat!«

Aber auch das andere Extrem kann von Übel sein: Die Eltern lassen den Kindern alle Freiheiten, interessieren sich nicht besonders für die Lernbereitschaft und Leistungsfähigkeit ihres Sprösslings und wehren alles ab, was mit dem Thema Schule zu tun hat:
»Das Kind muss schließlich selbst wissen, was es zu tun und zu lassen hat!«
»Es ist alt genug, um die Verantwortung zu tragen!«
»Meine Eltern haben mir früher auch nicht bei den Hausaufgaben geholfen. Und aus mir ist was geworden. Das muss das Kind schon selber machen.«
Frühzeitig soll der Nachwuchs die alleinige Verantwortung übernehmen und möglichst schnell selbstständig werden.
Gewähren Eltern zu viele Freiräume, zu viel Selbstbestimmung – und diese Haltung ist in unseren Zeiten keine Seltenheit mehr –, kennt manches Kind keine Grenzen und mausert sich zu einem ewig fordernden Superegoisten. Besteht die ganze Familie aus einem Trupp nur noch auf Autonomie und Selbstverwirklichung bedachter Einzelgänger, schrumpfen die Gemeinsamkeiten schnell, die das Gefüge zusammenhalten. Dass solch ein reduziertes Familienleben die soziale, seelische und geistige Entwicklung eines Kindes negativ beeinflusst, zeigt sich vor allem in der Schule. Längst beklagen die Lehrer, dass es vielen Schülern bei aller Selbstständigkeit heute schwerfällt, sich an die Regeln zu halten, die unser Zusammenleben bestimmen: eigene Wünsche zurückzustellen, Impulse zu kontrollieren, sich in andere hineinzuversetzen, Ausdauer und Geduld aufzubringen, wenn arbeitsintensive Tätigkeiten anstehen oder Probleme zu lösen sind.
Die Schule ist mit der Aufgabe überfordert, diese Defizite zu beseitigen und die Schüler zu sozialisieren. Sie kann nur nachhelfen, kann nur Lücken füllen. Also muss es Sache der Eltern sein, das soziale Verhalten ihres Kindes zu prägen, Grundsätze und Werte durch eigenes Vorleben, durch viele Gespräche weiterzugeben.
Wenn der Nachwuchs verträumt auf seinem Bleistift kaut, mit dem Lernen nicht in die Gänge kommt oder partout nicht fertig wird mit seinen Aufgaben, greift mancher Erziehungsberechtigte ein und versucht mit Drohungen, Befehl und Zwang weiterzukommen:
»Wenn du dich jetzt nicht auf deinen Hosenboden setzt, dann setzt's was!«
»Du machst jetzt sofort, was ich sage!«
Damit wird höchstens Widerspruchsgeist geweckt – und das Lernen geht erst recht nicht voran.

Weitere Tipps

»Welche Rolle spiele ich in der Klasse? Welche zu Hause? Bin ich beliebt oder nicht ganz so beliebt?« Jeder Schüler hat eine ganz bestimmte Position im Klassengefüge. Er muss um diese Position nicht selten kämpfen, sich täglich neu auf seine Mitschüler einstellen, sein soziales Verhalten üben.

Bei Gruppenspielen und -übungen bekommt Ihr Kind zu spüren, wie sich negative und positive Erfahrungen anfühlen – zum Beispiel Erlebnisse wie: »Ich verliere« oder: »Ich gewinne«, »Ich muss Rücksicht nehmen« oder: »Ich setze mich durch«, »Ich fühle mich in andere ein« oder: »Ich kämpfe für mich!«

Oft stellt sich für die Beteiligten beim Spielen die Frage: »Soll ich schummeln, um schneller ans Ziel zu kommen? Oder bleibe ich lieber ehrlich und riskiere zu verlieren?« Bei Gruppenspielen werden die Verhaltensweisen geübt, die auch in der Klassengemeinschaft wie in allen anderen Gruppen aktuell sind.

■ **Regen Sie Wettspiele an.** Dabei kommt es zum Schwur: Bin ich ein »Loser« oder ein »Winner«? Wettspiele können für Sie ein Anlass sein, mit Kindern über soziales Verhalten zu sprechen, und für alle Mitspieler eine Chance, sich in Fairness zu üben, zum Beispiel bei »klassischen« Wettkämpfen wie

- Sackhüpfen. Zwei schlüpfen in jeweils einen Sack und hüpfen um die Wette über eine vorher festgelegte Strecke. Es können auch mehr mitmachen. Wer gewinnt?
- Schubkarrenlauf. Der eine lässt sich in den Liegestütz nieder, der andere fasst die Beine des ersten, hebt sie hoch. Dann beginnt der Liegende auf den Händen zu laufen. Wenn mehrere zum Wettkampf antreten – wer ist zuerst im Ziel?

■ **Suchen Sie nach geeigneten Gesellschaftsspielen** – Klassikern wie etwa Scrabble oder »Mensch ärgere dich nicht!«. Das sind gute Geduldsproben, denn es fällt oft schwer, vor den Mitspielern nicht zu triumphieren, wenn man gewinnt, oder in schlechte Laune zu verfallen, wenn man verliert.

■ **Schlagen Sie Rollenspiele vor,** die helfen, die eigene Position in einem sozialen Gefüge zu überprüfen und zu festigen, wie zum Beispiel in dem Spiel

- »Ich bin die Lehrerin!« Einer spielt die Lehrerin, die unterrichten will, aber von Schülern gestört wird. Wie kann das Problem gelöst werden? Andere verkörpern die Schüler. Ab und zu werden die Rollen getauscht.
- »Der Außenseiter«. Einer spielt einen Schüler, der einen anderen aus der Klassengemeinschaft mobbt. Wie kann sich der Außenseiter wehren?

Kinder gehen oft hart und ehrlich mit sich selbst zu Gericht. Rollenspiele können der Anstoß sein, über soziale Erfahrungen zu sprechen.

■ **Spielen Sie mit Handpuppen Theater.** Auch beim Spiel mit Handpuppen können Kinder soziale Konflikte thematisieren.

- Die Geschichte vom Angeber. Eine Puppe stellt zum Beispiel einen Wichtigtuer dar, der sich fürchterlich aufbläst. Die übrigen Puppen zeigen dem Wichtigtuer Grenzen auf.

- Das Theaterstück vom Besserwisser Eine Puppe stellt einen Besserwisser dar, der seine Mitspieler nervt. Beim Spielen werden die Rollen immer wieder getauscht. (Übrigens braucht man dafür keine kostbaren Handpuppen. Mit Gesichtern bemalte Hände geben wunderbare Spielfiguren ab.)
- Drehen Sie gemeinsam einen Film. Wenn eine Kamera vorhanden ist, können Sie zusammen mit mehreren Kindern oder Familienmitgliedern einen Film drehen. Zuerst wird nach einem Thema gesucht, dann ein Drehbuch entwickelt. Der beste

Ein Hoch der Langeweile

Sie sorgen für ihn. Sie fördern ihn. Sie helfen Ihrem Nachwuchs auf die Sprünge und glauben, dass er irgendwann, ein bisschen älter und selbstständiger geworden, alleine weitertraben wird – stimmt nicht unbedingt! Mancher Sprössling kommt allein nicht auf Touren, sondern hängt abgeschlafft, gelangweilt in den Seilen und das besonders gerne am Wochenende. In seinem Zimmer herrscht Chaos. Er treibt keinen Sport, tut nur das Nötigste für die Schule. Und wer zu fragen wagt: »Was hast du vor?« oder: »Keine Vorbereitungen für die Schule?«, bekommt nölend eine Abfuhr – ein Härtetest für Eltern, die meistens äußerst gereizt auf das Phänomen Langeweile mit einem »Wie kann man nur so lahm sein?« reagieren.

Experten raten zu mehr Gelassenheit und weisen darauf hin, dass Langeweile Sinn machen kann. Antriebsarmut ist oft eine Ruhephase, in der neue Kräfte gesammelt werden für den nächsten Energieschub. Deshalb tun Eltern gut daran, eine Portion Geduld aufzubringen und Langeweile zu ertragen. Jedenfalls sollten Sie nicht gleich mit einem neuen Beschäftigungsprogramm zur Stelle sein – im Gegenteil: Viel zu viele Kinder sind heute daran gewöhnt, sofort erlöst zu werden, wenn Langeweile aufkommt, weil die Erwachsenen umgehend ein Actionprogramm aus dem Hut zaubern. Wer laufend bespielt, belehrt, bespaßt wird, hat es schwer, dieses fade, öde Gefühl, das in der Seele hängt, aus eigener Kraft zu überwinden. Erst wenn sich das Durchhängen partout nicht geben will, sollten Eltern mit einem Ausflug ins Grüne oder einer Vorlesestunde nachhelfen.

Anknüpfungspunkt: die eigenen sozialen Erfahrungen – in der Klasse oder im Freundeskreis. Dann werden die Rollen verteilt. Wer spielt? Wer übernimmt die Regie? Wer kann improvisieren? Später schauen alle gemeinsam den Film an – ein Erlebnis, das genug Gesprächsstoff liefert.

Gönnen Sie Ihrem Kind Pausen

»Hauptsache, mein Kind bekommt später einen Arbeitsplatz!«
In ihrer Sorge um die Zukunft ihres Kindes gelten ängstlichen Müttern und Vätern Beschäftigungen, die nicht unmittelbar mit dem Lernen für die Schule oder mit speziellen Bildungsangeboten zu tun haben, oft als reine Zeitverschwendung. Deshalb organisieren sie neben der Schule gerne ein privates Programm, bestehend aus Musikkursen, Zeichenkursen, Fremdsprachenunterricht und so weiter – keine Seltenheit, dass ein Kind fünf Tage verplant ist. Eingepfercht in ein engmaschiges Förderangebot, fühlt sich manches Kind durch solch ein Rundumprogramm bald überfordert, nur noch gehetzt. Folge dieser Hetze: Es kann nicht mehr lernen, kaut an den Nägeln, zappelt, ist unkonzentriert. Was tun?

- **Schalten Sie einen Gang zurück.** Mehr Muße, mehr Langsamkeit tun der ganzen Familie gut, verschaffen allen mehr Lebensqualität: mehr innere Ruhe, mehr Konzentrationsfähigkeit. Und damit erhöht sich auch die Effizienz beim Lernen.

- **Lassen Sie Ihrem Kind Zeit,** denn unter Zeitdruck kann sich keiner gut konzentrieren. Ihre Tochter, Ihr Sohn braucht zwischendurch Ruhe, um sich selbst zu finden. Jeder will auch einfach mal nur vergnügt sein, spielen, toben – ganz ohne Lernziel. Danach fällt es leichter, sich wieder ins Lerngeschehen einzubringen.

Egal ob morgens oder nachmittags, viele Kinder zappeln, reden ununterbrochen, rutschen dauernd unruhig und hibbelig auf ihrem Stuhl hin und her, sind ewig in Aktion. Still sitzen? Eine Tortur für sie. Je vehementer sie zum Stillsitzen verdonnert werden, desto erregter, angespannter reagieren sie. Sie brauchen zwischen Englischvokabeln und Gedichtlernen eine Möglichkeit, sich abzureagieren.

- **Schicken Sie Ihr Kind zum Spielen nach draußen.** Frische Luft und Bewegung setzen das Gehirn in Gang. Ein- bis zweimal am Tag sollte Ihr Kind richtig außer Atem sein. Regen Sie Fußballspiele auf dem nächstgelegenen Bolzplatz an, gehen Sie gemeinsam in den Park, übersehen Sie den Fahrstuhl, und laufen Sie stattdessen die Treppen hoch. Sorgen Sie für einen gesunden Ausgleich zum langen Stillsitzen und Lernen.

- **Setzen Sie ab und zu ein Highlight,** bieten Sie kleine Alltagsfreuden. Stimmungsaufheller wirken beim Lernen Wunder und bringen erlahmte Kräfte wieder auf Trab. Gönnen Sie Ihrem Kind zwischendurch Lernpausen – Balsam für die Seele, Möglichkeiten, einen freien Kopf zu bekommen:

- Laden Sie Freunde ein zum gemeinsamen Kuchenessen und Reden.
- Gehen Sie zusammen schwimmen im nächstgelegenen See.
- Gehen Sie mit den Kindern Blätter sammeln oder Blumen pflücken.

- Lassen Sie Träume zu. Kinder brauchen Verschnaufpausen, um neue Kräfte zu tanken, brauchen Zeit zum Trödeln und Träumen, zum Nichtstun. Sie wollen nicht immer und nur funktionieren, vernünftig sein, diszipliniert sein. Wenn man sie lässt, können sie das noch, was Erwachsene später in Kursen mit autogenem Training oder anderen Methoden erst mühsam wieder lernen müssen: dem Zeitdruck einfach entfleuchen.

- Greifen Sie auf Rituale zurück, auf die sich Ihr Kind freuen kann, denn Vorfreude versüßt das Lernen:
  - Kredenzen Sie eine Tasse Kakao, immer dann, wenn das letzte Komma bei den Hausaufgaben gesetzt ist.
  - Servieren Sie eine Praline. Mit dem Griff in die Schokoladenbüchse wird der Einsatz bei den Hausaufgaben regelmäßig belohnt.
  - Schlagen Sie eine gemeinsame Radtour vor zur nächsten Eisbude – immer dann, wenn die Hausaufgaben besonders viel Schweiß gekostet haben.

- Schaffen Sie einen Ausgleich zum Lernen, wenn Ihr Kind lange über seinen Büchern saß. Tanzen und singen sie zusammen, das weckt die Lebensgeister, bringt neue Energie: beim Autofahren, bei der Hausarbeit – immer wieder zwischendurch.

Weitere Tipps

Fördern Sie die Entspannung, bieten Sie Ihrem Kind Möglichkeiten, Dampf abzulassen, um sich zu entspannen.

- Regen Sie Spiele und Beschäftigungen an zum Kräftetanken:
  - Donnerwetter. Bei diesem Spiel reden alle, die mitmachen, über das Thema Gewitter. Was macht ein Gewitter aus? Graue Wolken, Blitz … Später versuchen die Spieler reihum, Gewitter darzustellen. Klingt mit den Schuhen über glatten Boden scharren schon wie Donnergrollen? Lautes Fingertrommeln auf Holz wie ein Platzregen? Selbst ein nachgespieltes Gewitter hilft, die Anspannung zu lösen.
  - Der alte Mann. Ein Mitspieler verwandelt sich in einen alten Mann. Der Mann tut das, was ihm der Spielleiter bedeutet: »Er geht so gebeugt, als trüge er eine schwere Last. Er hinkt. Er stöhnt …« Plötzlich verwandelt sich der alte Mann in einen jungen, frischen Burschen, der hüpft, der sich streckt, der fröhlich trällert …
  - Der laute Schrei. Ein Spiel für draußen. Alle, die mitmachen, versammeln sich mitten auf einer großen Wiese. Jeder schreit so laut er kann, brüllt mit voller Kraft den Frust aus sich heraus.

Das Schreispiel kann man prima am Meer durchführen, wenn die Wellen hoch schlagen und die Brandung ohrenbetäubend laut ist: Wer kann mit seinem Schrei das Meer übertönen? Oder auch im Park bei Regen und Wind: Wer ruft bis zu den Regenwolken hoch?

Sorgen Sie für Überraschungen

Überraschungen können Farbe in den Lernalltag bringen und eine angenehme Abwechslung sein. Sie können aber noch weit mehr bewirken: Sie beflügeln uns und bringen uns, wie die Wissenschaft herausgefunden hat, dazu, bei der Arbeit einen Gang zuzulegen. Das Gehirn giert nach neuen Anreizen, nach aufregenden Erfahrungen, deshalb kann Ungewöhnliches besonders motivierend wirken. Wenn Sie Ihr Kind belohnen, sollten Sie diesen Überraschungseffekt berücksichtigen und bei den Belohnungen variieren, denn dann ist ihre positive und belebende Wirkung intensiver:

»Diesmal gehen wir zur Belohnung in die Eisdiele!«

»Heute machen wir eine Fahrt ins Blaue zur Belohnung!«

Überraschungen sind die Würze in der Suppe – sie sind ein Wirkstoff, den das Gehirn braucht, um sich gut zu entwickeln. Dieser Wirkstoff bringt unser Gehirn nicht nur in Schwung, sondern sorgt dafür, dass uns überraschende Erlebnisse in Erinnerung bleiben. Das Bedürfnis nach Abwechslung und Überraschung bleibt im Alltag oft unbefriedigt, denn normalerweise weiß ein Kind längst aus Erfahrung, wie viele seiner Erlebnisse enden werden:

»Der Hund wird bellen, sobald das Auto des Briefträgers am Gartentor hält!«

»Die Großmutter wird von längst vergangenen Nordseeferien erzählen, wenn sie das Wort Ostfriesland hört!«

Weil das Gehirn Ihres Kindes Abwechslung liebt, reagiert es besonders aktiv, wenn sich im Familien- oder Schulalltag Überraschendes abzeichnet, wenn zum Beispiel

- wider Erwarten ein physikalisches Experiment auf Anhieb gelingt.
- überraschend aus der Orangencreme etwas wird. Diesmal hat sich die Gelatine sofort aufgelöst.
- erstaunlicherweise beim ersten Fußballtraining der Ball im Tor landet.

Ungewöhnliche Erlebnisse werden im Gehirn extra gespeichert und in Erinnerung behalten.

Damit sich unser Lern- und Denkapparat nicht langweilt und ausreichend zu tun hat, braucht er immer neue, überraschende Erfahrungen, die er verarbeiten kann. Hier können Sie ansetzen:

- **Bringen Sie Abwechslung in den Schulalltag.** Bieten Sie nachmittags ab und zu kleine Extratouren an, brechen Sie zusammen aus gewohnten Gleisen (»Nun werden die Hausaufgaben gemacht!«) aus. Ermöglichen Sie Ihrem Kind außergewöhnliche Erfahrungen, die ihm lange im Gedächtnis bleiben. Mit großem zeitlichem Extraaufwand muss Ihr Einsatz nicht verbunden sein.

Wagen Sie kleine Experimente wie zum Beispiel:

- Sprechen Sie über das anstehende Kunstreferat mit Ihrem Kind während eines Picknicks im Wohnzimmer (draußen herrscht Regenwetter, drinnen legen Sie eine Tischdecke auf den Teppich und dekorieren Geschirr und Speisen auf der Decke).

- Regen Sie an, die Matheaufgaben auf der Wiese im Park zu erledigen.
- Erzählen Sie sich Geschichten aus dem Lesebuch beim Schwimmen im See.
- Hören Sie die Vokabeln ab während eines Waldspaziergangs.

Weitere Tipps

Sinnvoll ist alles, was einem Kind Spaß am Lernen vermittelt: Tanz, Spiel, Gestaltung. Je mehr Wahrnehmungskanäle bei den Beschäftigungen beteiligt sind, desto besser »sitzt« der gelernte Stoff. Bieten Sie im Alltag immer wieder kleinere und größere Überraschungen an:

- Feiern Sie ein Fest. Plötzlich erklären Sie, dass in zwei Stunden fünf Gäste kommen. Es wird nicht verraten, wer kommt. Welche Vorbereitungen sind zu treffen? Wer übernimmt welche Aufgabe und Verantwortung für was? Eine Herausforderung für Ihr Kind – zusammen mit Ihnen aus dem Stand ein Fest zu organisieren – und ein großes Erfolgserlebnis, die Aufgabe in kurzer Zeit zu bewältigen.

- Inszenieren Sie einen Workshop. Verbringen Sie mit Ihrem Kind und Freunden einen Forschungsnachmittag. Fotokopieren Sie verschiedene Anleitungen für kleinere Experimente. Jedem Mitspieler wird eine Anleitung ausgehändigt. Halten Sie alle Materialien parat, die für die Experimente gebraucht werden. Und dann kann's am Küchentisch losgehen. Alle sind neugierig, sind beschäftigt. Einer hilft dem anderen. Was funktioniert wie?

- Bieten Sie ein Lagerfeuer im Winter. Alle Beteiligten stehen bei Kälte dick vermummelt um ein Feuer in einer Winterlandschaft, braten Würstchen, trinken heißen Tee aus einer Thermoskanne und erzählen Geschichten – zum Beispiel Märchen oder griechische Sagen.

Sorgen Sie für Erfolgserlebnisse

Das gelungene Referat in Geschichte, in das man viel Mühe investiert hat, oder die erfolgreiche Mathearbeit, für die man extra viel geübt hat, werden im Gedächtnis gespeichert. Aber auch weniger überraschende Erlebnisse und Erfolge hinterlassen Spuren und können zu weiteren Anstrengungen anspornen: Denn natürlich macht es Ihr Kind stolz, wenn die Rolle rückwärts nach langem Training endlich klappt oder das Flötenspiel nach intensivem Üben besser klingt. Nicht nur erfolgreiches Handeln löst wohlige Gefühle aus, sondern auch erfolgreiches Denken macht froh:
»Endlich habe ich die Regeln kapiert, von denen in meiner Grammatiklektion die Rede ist!«
»Auf einmal ist der Groschen bei den Matheaufgaben gefallen!«
Diese besondere, aus Erfolgen resultierende Zufriedenheit bringt einen Schüler dazu, die nächsten Lernhürden anzupeilen und schwungvoll zu nehmen nach der Devise: »Ich will das! Ich kann das!« Wer alltägliche Probleme mit Optimismus, Willenskraft und Durchhaltevermögen

angeht, wer sie löst, belohnt sich selbst mit guten Gefühlen wie Freude, Spaß, Zufriedenheit. Dieser innere Belohnungsmechanismus gerät allerdings leicht aus der Balance, wenn die zu lösenden Aufgaben das Gehirn überfordern oder unterfordern. (Das ist übrigens eine Erklärung dafür, warum hochbegabte Kinder in der Regelschule nicht selten scheitern.) Schalten Sie sich in diesen Prozess ein, fördern Sie Erfolgserlebnisse.

■ **Zeigen Sie, dass sich Mühe lohnt.** Die Freude am Lernen ist sowohl eine Sache der Veranlagung als auch der Lebenserfahrung. Wer aus Erfahrung weiß, dass er bessere Leistungen erzielt, wenn er sich anstrengt, ist eher bereit, sich Mühe zu machen. Verstärken Sie diese Erfahrungen ganz gezielt. Strampeln Sie sich gemeinsam mit Ihrem Kind ab, schon voller Vorfreude auf sehr befriedigende Erfolgserlebnisse – zum Beispiel

- **bei einer Fahrradtour.** Wer mitmacht, bemüht sich nach Kräften in dem Wissen darum, dass am Ende der Tour ein Biergarten mit schöner Aussicht wartet: »Noch drei Kilometer, dann wird die Anstrengung ein Ende haben!«
- **bei der Zubereitung von Tomatensauce.** Lästig. Viel Arbeit. Da jedoch alle wissen, dass die Sauce herrlich nach Basilikum duftet und wunderbar schmeckt, legt man sich bei der Arbeit ins Zeug nach dem Motto: »Hinterher sind wir froh, dass wir sie gekocht haben!«

■ Lassen Sie Ihr Kind aus Fehlern lernen. Manchmal läuft trotz aller Bemühungen einfach einiges schief:

- **Obwohl** man das Schlittschuhlaufen gelernt und trainiert hat, fliegt man aus der Kurve und knallt hin.
- **Obwohl** man die Anleitung für das Salzwasserexperiment mit einem Ei genau durchgelesen hat, das Ei eigentlich schwimmen müsste, geht es unter.

Nur durch seine Beziehung zur Umwelt lernt ein Kind, sich selbst, sein Können und Wollen richtig einzuschätzen. Bin ich erfolgreich, weniger erfolgreich? Natürlich freut sich jeder über Erfolge und die positiven Reaktionen der Umwelt darauf. Aber auch negative Erfahrungen machen aus verschiedenen Gründen Sinn:

Erstens: Man lernt beide Seiten der Medaille aus eigener Anschauung kennen – Erfolg und Misserfolg – und gewinnt ein breiteres Spektrum an Erfahrungen.

Zweitens: Niederlagen lassen ein Kind sogar wachsen, wenn sie richtig verarbeitet werden, sagen Entwicklungspsychologen. Und warum? Habe ich eine Schularbeit verhauen, weil ich nicht richtig gelernt habe, dann weiß ich, dass ich mich in Zukunft mehr anstrengen muss. Diese Erfahrung stärkt meine Selbstverantwortung. Wer aus Niederlagen nicht nur als kümmerlicher Verlierer stolpert, sondern gestärkt daraus hervorgeht, mit dem Willen, erneut loszulegen, der lässt sich später als Erwachsener nicht so schnell entmutigen. Durch Misserfolge lässt er sich nicht aus der Bahn werfen, sondern ist bereit, dazuzulernen.

Drittens: Wer sich in einem Labyrinth verirrt, den richtigen Weg wiederfindet, schließlich zum Ziel gelangt, der weiß, wo die Tücken stecken, und kann sie beim nächsten Mal umgehen.

Bewerten Sie Fehler nicht nur als Misserfolg, sondern auch als Chance, denn schließlich kann man aus ihnen klüger werden.
Fazit: Lassen Sie Ihrem Kind genug Zeit, seine eigenen Erfahrungen zu sammeln, und geben Sie ihm die Chance, Fehler und Misserfolge selbst wahrzunehmen, zu korrigieren und daraus zu lernen. Lautes Denken auf Irrwegen kann sehr produktiv sein.

■ **Beliebte Fehler:** Mancher Erziehungsberechtigte erfüllt seinem Nachwuchs jeden Miniwunsch umgehend. Übermäßiges Verwöhnen kann ein Kind aber daran hindern, um Erfolge zu kämpfen, seine Kraftreserven zu mobilisieren, denn es lebt nach der Devise: »Ich kriege, was ich will. Die anderen sorgen schon für mich!«
Ebenso hinderlich: Dank unerfreulicher Schul- und Lernerfahrungen setzt mancher Schüler das Lernen und das Üben automatisch mit Misserfolg gleich. Dann heißt es vorschnell:
»Das kann ich sowieso nicht!«
»Das kriege ich nie hin!«
So werden innere Barrieren aufgebaut, und diese Hürden hindern die Kinder oft daran, entspannt und voller Selbstvertrauen an neue Aufgaben heranzugehen.
Noch eins: Wenn Eltern nicht abwarten können, sondern sofort eingreifen, sobald sich ein Misserfolg vage am Horizont abzeichnet – wenn sie den Karren gleich aus dem Dreck ziehen und eine Lösung vorgeben, betrügen sie ihr Kind um die eigene Erfahrung, aus Fehlern klüger zu werden. Pädagogen weisen immer wieder darauf hin, dass ein Großteil aller Motivationsstörungen auf Überbehütung, auf zu umfassendes Verwöhnen zurückzuführen ist. Räumen Sie nicht fix und behände jede Schwierigkeit aus dem Weg.
Was Eltern auch gerne tun: Sie sind auf die Fehler konzentriert, die beim Lernen gemacht, und nicht auf die Erkenntnisse, die dabei gesammelt werden. Der Spruch »Aus Fehlern klug werden« ist weder bei ihnen noch bei ihrem Kind beliebt. Weil jeder Schüler aufgrund der Fehler beurteilt wird, die er in seinen Diktaten, Aufsätzen, Matheaufgaben sammelt, und weil sie darüber entscheiden, ob er als guter, schlechter oder mittelmäßiger Schüler gilt, ist der Blick auf diese Fehler fixiert.

Weitere Tipps

Sammelt Ihr Kind außerhalb der Schule in ganz unterschiedlichen Bereichen Erfolge, kann sich das insgesamt positiv auf seine Lernbereitschaft auswirken. Zeigen Sie Ihrem Sohn, Ihrer Tochter, dass Lernen nicht nur Hausaufgaben erledigen, nicht nur für die Schule arbeiten bedeutet, sondern auch heißen kann:
»Ich sorge verantwortungsvoll für unseren Hund, bin zuverlässig für ihn da!«
»Ich spiele begeistert Geige und habe schon viel dazugelernt!«
»Ich habe ein eigenes Beet im Garten, in dem ich Mohrrüben anpflanze!«
Setzen Sie bewusst Gegengewichte zum Schulwissen, ermöglichen Sie neue, positive Lernerfahrungen. Regen Sie Aktivitäten an, die Freude machen.

■ **Zaubern Sie zusammen.** Die meisten Menschen interessieren sich für Zauber-

tricks und möchten gerne welche lernen. Wer sich mit dem Zaubern beschäftigt, entwickelt beim Training die Motivation, die beim Mathe- oder Diktatüben manchmal zu wünschen übrig lässt.
Weil das Zaubern viele unterschiedliche Fähigkeiten fördert und fordert, entsteht dabei mehr als die Begeisterung für Zauberei, nämlich Freude an der Konzentration, an Ausdauer und Geschicklichkeit. Erst das erfolgreiche Training, dann der erfolgreiche Auftritt vor Publikum können eine Initialzündung für die Freude am Lernen sein. Beim Zaubern fällt vielleicht der Groschen: »Ich lerne nicht für die Schule, sondern für mich selbst!« Ein Zaubertrick zum Ausprobieren:

- Die Zauberschachtel. Der Zauberer zeigt eine zur Hälfte geöffnete Streichholzschachtel, schüttelt sie, dreht sie um, erklärt: »Kein Geld mehr in der Schachtel! Ich habe es verloren!« Dann bittet er einen Zuschauer aus dem Publikum, ihm eine unsichtbare Münze zuzuwerfen. Während der Mitspieler Schwung holt und so tut, als würfe er eine Münze durch die Luft, fängt der Zauberer die unsichtbare Münze mit der Schachtel und plötzlich klappert es darin. Und wirklich: eine echte Münze liegt in der Schachtel. Das Geheimnis: Vorher wurde in die halb geöffnete Schachtel zwischen Lade und Hülle eine Münze geklemmt. Wird nun die

Wie eifriges Üben das Gehirn verändert

Ein Beispiel aus der Hirnforschung verdeutlicht, wie unser Tun, unser Können die Hirnfunktionen beeinflussen: Wenn wir eifrig bei einer Sache sind, viel üben, dann lässt sich das im Gehirn messen.

So wurde bei einer Untersuchung an jungen Leuten in England festgestellt, dass die Hirnregion, die für die Bewegung des rechten Daumens zuständig ist, ständig wächst. Die Erklärung: die SMS-Technologie, die von ihnen fleißig benutzt wird. Diese Veränderung hat Folgen, denn beansprucht das Hirn viel Platz, um den Daumen zu steuern, geht das auf Kosten anderer Hirnbereiche, die Platz abgeben müssen. Dieser besonders ausgeprägte Hirnbereich – in diesem Fall die »Daumensteuerung« – will in Aktion sein. Er verlangt nach mehr Nachfrage, mehr Beschäftigung, also zum Beispiel danach, noch mehr SMS zu schreiben.

Dieses Beispiel zeigt, wie sich unser Gehirn unseren Tätigkeiten anpasst, und zwar ein Leben lang. Bis ins hohe Alter können wir noch Neues dazulernen. Das Gehirn strukturiert sich entsprechend seiner Nutzung um und kann sich stets auf neue Gegebenheiten einstellen.

Schachtel geschlossen, fällt die Münze in die Schachtel.

- Die Zauberkarte. Der Vorführer zeigt eine von einem Zuschauer aus einem gut gemischten Kartenspiel verdeckt gezogene Karte so, dass das Publikum die Vorderseite sieht. Dann denkt er angestrengt nach und nennt die entsprechende Karte. Der Trick: Drückt man die Karte leicht zusammen, wölbt sie sich so, dass man in einer Ecke ihren Wert ablesen kann.

- **Kochen Sie zusammen.** »Wo sind die Zutaten? Wo ist die Waage? Was bedeutet Panieren? Und wie kann ich verhindern, dass ein Braten zu braun wird?« Gemeinsames Kochen kann Spaß machen, ist aber für noch ungeübte Kinder eine besondere Herausforderung. Umso größer der Erfolg, wenn sich das Ergebnis aller Anstrengung sehen lassen kann. Die Belohnung: Zum Abschluss wird ein Essen aufgetischt, das gut duftet, gut schmeckt und der ganzen Familie Freude macht. Die Köche werden gelobt und gefeiert – ein Erfolgserlebnis, ein Ansporn für nächste Koch- und Backversuche und eine spannende Sache, die das Zutrauen in das eigene Können stärken kann. Ein Kochrezept zum Ausprobieren, bei dem ein Kind ganz unterschiedliche Fähigkeiten ausprobieren und üben kann:

- Minipizza. In eine Schüssel werden 65 g Speisestärke, 65 g Mehl und 1 1/2 Teelöffel Backpulver gegeben. 4 Esslöffel Öl, 125 g Schichtkäse und 1 Prise Salz dazugeben und alles mit einem Handrührgerät auf der niedrigsten Stufe gut verkneten. Aus dem Teig eine Kugel formen. Die Kugel auf ein mit Backtrennpapier ausgelegtes Backblech legen und mit der Hand flachdrücken. Dann den Belag auf die Teigplatte geben: 75 g gewürfelte Salami, eine in kleine Würfel geschnittene grüne Paprikaschote, ein bis zwei kleine, in Scheiben geschnittene Tomaten und 50 g geriebenen Käse. Die Pizza bei 220 °C im vorgeheizten Backofen etwa 20 Minuten lang backen.

Ein weiterer Tipp: Keiner weiß vorher, was gekocht werden soll. Sie verteilen an alle Rezepte. Jeder Mitspieler bekommt ein anderes Rezept. Dann versucht jeder, nach »seinem« Rezept ein Gericht zu kochen oder zu backen. Der eine fabriziert einen Apfelpfannkuchen. Der andere einen Vanillepudding aus der Tüte. Später essen alle zusammen.

- **Spielen Sie zusammen.** Hier sei noch einmal ausdrücklich darauf hingewiesen, dass Kinder beim Spielen Wesentliches lernen. Je spannender das Spiel, desto größer ist der Anreiz dabei, zu lernen, die Sinne zu schärfen, die Wahrnehmungsfähigkeit zu trainieren und das Kombinationsvermögen zu üben. Ein paar typische »Lernspiele«:

- Ich sehe dich. Alle Spieler – bis auf den Sucher, der wegschauen muss – verstecken sich im Umkreis von etwa fünfzig Metern. Haben sich alle versteckt, rufen Sie »Jetzt!«, und die Suche beginnt. Sobald der Sucher einen Mitspieler entdeckt hat, ruft er ihn laut beim Namen. Der entdeckte Spieler verlässt daraufhin sein Versteck und läuft zu einem vorher festgelegten Ziel.

Wird er dabei vom Sucher nicht erwischt, ist er frei. Wird er unterwegs jedoch gefangen, muss er in der nächsten Runde suchen.

- **Um die Wette füßeln.** Alle, die mitspielen, verbinden sich die Augen und versuchen, mit ihren Füßen Gegenstände zu finden, zu ertasten, die auf dem Boden in geringem Abstand liegen: eine Nagelbürste, ein Stofftier, ein Plastikbecher, ein Spielauto und so weiter.
- **Treppensteigen.** Alle versammeln sich am Fuß einer längeren Treppe. Der Jüngste darf die Treppe zuerst hinaufsteigen. Auf jeder Treppenstufe muss er einen anderen Tiernamen sagen – oder Städtenamen, Ländernamen, Pflanzennamen. Wer nicht weiterweiß, scheidet aus.

- **Experimentieren Sie zusammen.** Ausprobieren, Forschen, Entdecken – lauter grundlegende kindliche Bedürfnisse für neugierige Kinder. Eltern können diese Wissbegierde fördern, indem sie Experimente am Küchentisch, im Badezimmer oder im Garten anregen und die Chance nutzen, zu beraten und über das zu sprechen, was bei den Experimenten geschieht. Immer sind sie als Publikum gefragt, das staunt und Beifall klatscht.
- **Düsenflieger.** Eine längere dünne Schnur wird mit einem Stück Seife oder einem Kerzenstummel eingerieben und geglättet. Dann wird ein Ballon gut aufgeblasen und mit einer Wäscheklammer fest verschlossen, anschließend ein halbierter dickerer Trinkhalm der Länge nach mit Klebeband oben auf dem Ballon befestigt. Die Schnur wird durch den Trinkhalm gefädelt und stramm zwischen zwei Stühlen gespannt. Wird die Wäscheklammer gelöst, flitzt der Düsenflieger über die Schnur.
- **Wunderfarbe.** Ein halber Liter destilliertes Wasser wird zum Kochen gebracht. In das Wasser geben Sie zwei Hände voll fein geschnittenen Rotkohl und lassen das Ganze aufkochen. Wenn das Wasser gut abgekühlt ist, die Flüssigkeit durch ein Sieb in ein Glas mit Schraubdeckel gießen und das Glas gut verschließen. Später mit der Flüssigkeit experimentieren. Was geschieht, wenn man eine kleine Menge der Zauberflüssigkeit in ein Glas kippt und Saures dazugibt – ein paar Tropfen Zitronensaft? Und was geschieht, wenn man stattdessen Orangensaft nimmt oder etwas Backpulver?

Bieten Sie neue Erfahrungen

Ihr Kind ist auf neue Erfahrungen erpicht. Um Lernfreude entwickeln zu können, braucht es nicht die Couch vor dem Fernseher oder einen Computer auf dem Tisch, sondern ein anregendes Umfeld, das seine Neugierde weckt und unterstützt. Entscheidend für Leistung ist Wissen. Wer seine Intelligenz nicht trainiert, sie nicht mit Wissen anreichert, bleibt zurück. Schaffen Sie Gelegenheiten für eigene, neue, aufregende, besondere Erfahrungen bei gemeinsamen Unternehmungen.

- Machen Sie häufiger Ausflüge in den Wald, bieten Sie eine Umgebung, die zum Fragen und Lernen anregt:

»Wieso kann ich im Wald erkennen, wo Westen ist?«

»Wieso sind hier nur Fichten angepflanzt und keine Laubbäume?«

»Wie kann ich erkennen, dass ein Baum krank ist?«

- Sammeln Sie Hölzchen, Stöckchen, Rindenstücke und Blätter. Bauen Sie daraus Blockhütten, Rindenschiffe, Blättertaschen und Blätterkräne.
- Suchen Sie nach Tieren. Wer findet unter Steinen und Gräsern Schnecken und Käfer?

- Spielen Sie auf einer Wiese oder am Rand eines Feldes.

»Wer findet den Weg mit Hilfe eines Kompasses quer durchs Gelände – erst hundert Schritt nach Osten, dann nach Westen? Wie kann man die Himmelsrichtungen mit Hilfe des Sonnenstandes erkennen?«

»Wer findet heraus, wie viele verschiedene Blumen auf dieser Wiese wachsen? (Nehmen Sie ein Bestimmungsbuch mit, mit dessen Hilfe Sie Blumen erkennen und beim Namen nennen können.)

»Wer kennt das Getreide, das hier wächst – Roggen, Weizen? Wie kann ich das erkennen?«

»Wer fabriziert aus Grashalmen lange Zöpfe, die man ins Haar binden kann, und bastelt eine Fantasiefrisur?«

- Gehen Sie zusammen in den Park. Beobachten Sie Tiere und Menschen, und machen Sie sich Gedanken wie:

»Wie kommen die Schwäne und die Enten auf dem Teich miteinander aus?«

»Welcher Hund ist besonders wild, welcher eher lahm?«

»Wer bastelt Marionetten aus Kastanienblättern?«: Zwei Blattfinger sind die Arme, zwei die Beine. Aus dem fünften Blattfinger wird ein Gesicht. Zwei runde Augen werden vorsichtig eingerissen und ein breiter Mund kommt dazu. Später treten die Marionetten auf, und es entwickelt sich aus dem Stegreif ein Theaterspiel.

»Wer geht mit auf Schatzsuche?«: Im Park wird ein Schatz versteckt. Dann werden die Schatzsucher mit Hilfe einer gezeichneten Karte zum Ziel geführt: »Drei Schritte geradeaus. Sechs Schritte nach links. Zwanzig Meter bis zur Eiche. Dann zurück zu den drei Birken.«

- Wandern Sie durch Ihr Stadtviertel oder Dorf, stellen Sie sich und Ihrem Kind viele Fragen. Suchen Sie gemeinsam nach Antworten.

»Wieso sind nur wenige Kinder auf dem Spielplatz? Warum sehe ich hier mehr alte Menschen als junge?«

»Warum stehen so viele Läden leer?«

»Wer bestimmt eigentlich, wie eine Straße heißt?«

- Gehen Sie zusammen auf Entdeckungsreisen: Welche Häuser sind neu? Welche aus der Nachkriegszeit? Welche aus der Vorkriegszeit? Welche sind wahrscheinlich schon älter als hundert Jahre? Und was ist mit der Kirche? Woran kann man das Alter der Häuser in etwa erkennen? Verschiedene Baustile – was bedeutet das? Welche Geschichte hat unsere Gegend?

■ **Lassen Sie Ihr Kind bei gemeinsamen Unternehmungen weitgehend laufen,** möglichst selbst bestimmen, was es erkunden, suchen, fragen, begucken, anhören, ausprobieren will. Wie schmeckt dieses? (Vorsicht bei Giftpflanzen!) Wie riecht das? Warum fühlt sich das rau an? Warum ist es hier trocken, dort feucht? Kinder wollen ihre Erfahrungen selber machen. Sie laufen am besten nebenher. Hören vor allem zu. Fragen immer wieder nach.
Setzen Sie mit Ihren Bemerkungen ab und an besondere Akzente. Bieten Sie Anregungen, wenn Ihr Kind aus eigenem Antrieb nicht weiterweiß. Und setzen Sie nur dann eine Grenze, wenn es wirklich sein muss.

■ **Beliebte Fehler:** Eltern ziehen ein vorgefertigtes, perfektes Programm aus der Tasche, gut durchorganisiert, nach dem Motto: »Nun wollen wir mal dieses oder jenes zusammen erkunden!« Leider bringt das wenig, denn Kinder schalten gerne ab, wenn sie mit elterlichen Vorgaben, Erklärungen und Vorträgen konfrontiert werden – sie finden das meist reichlich öde. Besser: Nur Tipps geben.

Weitere Tipps

Erleben Sie zusammen kleine und große Abenteuer, bei denen die Familie neue Erfahrungen sammelt. Um Abenteuer erfolgreich zu bestehen, brauchen Kinder einen starken Partner, der sich auskennt, die Welt erklären kann und Ideen hat.

■ **Animieren Sie Ihr Kind zu einer Nachtwanderung.** Die Augen gewöhnen sich bald an die Dunkelheit, eine Taschenlampe ist sicherheitshalber dabei. In einer sternklaren Nacht oder bei Mondlicht ist draußen viel zu sehen. Und was? Stern-

»Jetzt habe ich Zeit für dich!«

Zeit – eine wichtige Zutat für ein Leben mit Kindern und längst ein rares Gut in etlichen Familien. Natürlich können Mütter und Väter nicht dauernd gut gelaunt und entspannt parat stehen, immer bereit, sich zu kümmern. Müssen sie auch nicht, denn ein Schulkind kommt damit zurecht, dass mitunter im Alltag wenig Zeit für seine Belange bleibt. Liebevolle Rituale, die nicht viel Zeit in Anspruch nehmen müssen, sind ein willkommenes Gegengewicht – etwa gemeinsame Mahlzeiten und Gute-Nacht-Zeremonien. Die wichtigste Botschaft, die Eltern ihrem Kind damit vermitteln sollten, heißt: »Ich bin gerne mit dir zusammen, auch wenn die Zeit manchmal knapp ist!« Zeigen Sie Ihrem Kind immer wieder, dass Gemeinschaftsaktionen keine Pflicht, sondern Kür für Sie sind: eine Riesenfreude.

bilder zum Beispiel: der große Wagen, der Polarstern (in fünfmaliger Verlängerung der »Wagen-Rückwand«), die Milchstraße. Wer kann sich mit Hilfe der Sterne orientieren? Und wie soll das gehen? Oder wo könnten Fledermäuse sein oder Glühwürmchen? Und welche Geräusche sind zu hören? (Ein Tipp: Vor der Wanderung entsprechende Informationen sammeln, ausdrucken oder kopieren und unterwegs vorlesen.)

- **Bauen Sie zusammen einen Staudamm** – ein Vorschlag für Ferien im Gebirge. Wer staut einen kräftig fließenden Wildbach und baut aus Steinen, Sand und Hölzern einen möglichst stabilen Damm? Wie muss das Fundament aussehen, damit der Damm hält? Wer bewährt sich als guter Konstrukteur?

- **Besuchen Sie ein Museum!** Nehmen Sie sich genug Zeit zum Fragen und Antworten. Regen Sie im Museum über Gespräche hinaus Spiele an wie:
  - **Suchspiele,** die nicht nur Spaß machen, sondern auch die Wahrnehmungsfähigkeit fördern. »Wer hat einen Spiegel mit eingefügtem Bild von einer Berglandschaft gesehen?« Oder: »Wer findet auf der alten Weltkarte zuerst Madagaskar?«

Es gibt eigene Kindermuseen wie etwa das Bremer Universum Science Center, das Münchner Kinder- und Jugendmuseum oder das Duisburger Atlantis. Statt an Schauvitrinen entlangzuschlendern, können Kinder hier die Welt mit allen Sinnen erforschen. Es werden Fragen angeregt und beantwortet. Was ist ein Erdbeben? Wie funktioniert ein Vulkan? Überall heißt das Motto: experimentieren, zupacken, mitarbeiten. Museumspädagogen führen bei Extraveranstaltungen geschickt und engagiert durch die Welt des Wissens. (Eine Liste von empfehlenswerten Kindermuseen findet man im Internet unter www.miraculum-aurich.de/home/machmitmuseum/links.html.)

- **Schauen Sie sich gemeinsam Bilder an:** in einer Gemäldegalerie oder in Büchern, in Zeitschriften. Das Gehirn mag es bunt und fantasievoll, deshalb lernt es sich mit Bildern leichter und vergnüglicher. Wecken Sie das Interesse an Kunst und Bildern. Ältere Meister eignen sich als Einstieg. Ihre Bilder sind konkret und damit für Anfänger oft zugänglicher. Regen Sie Frage- und Antwortspiele an wie:
»Wo hängt das Bild mit dem Clown?«
»Welches Bild ist dein Lieblingsbild und warum?«
»Wie heißt das Instrument, das auf diesem Bild zu sehen ist?«
Informieren Sie sich bei Museumspädagogen. Sie weisen immer wieder darauf hin, wie wichtig das Anschauen von Bildern ist, denn dabei werden Kompetenzen gefördert wie zum Beispiel die sinnliche Wahrnehmungsfähigkeit und die Konzentration. Dazu kommt: Bilder vermitteln wichtige Informationen. Es gibt kaum ein Bild, vor dem man einem Kind keine spannende Geschichte erzählen könnte. Von unserer Geschichte kann man berichten, von Kleidern und Mode, von Gebäuden und von der Natur. Die meisten Kinder lassen sich für Bilder und ihre Magie begeistern.

Stärken Sie die Konzentrationsfähigkeit

Ob wir eine Aufgabe konzentriert lösen oder nicht ganz so aufmerksam angehen, wird durch bestimmte Hirnregionen mit Hilfe von Botenstoffen gesteuert. Die Folge: Man kann auf recht unterschiedliche Weise ganz bei der Sache, hoch konzentriert sein:

Erstens: Wer sich konzentriert, ist einfach gut drauf, rundum hellwach und munter. Alle Antennen sind auf Empfang geschaltet. In dieser aufnahmebereiten Stimmung arbeiten das Wahrnehmungsvermögen, die Leistungs- und Lernfähigkeit eines Kindes bestens. Das Quäntchen Anspannung oder Aufregung, das oft damit verbunden ist, schadet nicht, sondern erhöht die Aufmerksamkeit sogar noch. Nimmt dieser positive Stress allerdings weiter zu, kippt die Stimmung irgendwann, und die Wachheit lässt nach.

Zweitens: Wer sich konzentriert, lässt viele Reize außen vor und richtet den Blick zielgerichtet auf ein ganz bestimmtes Ziel. Aus einer Vielzahl von Faktoren filtert die Wahrnehmungsfähigkeit dann genau die Faktoren heraus, die im Moment gebraucht werden, um ein anstehendes Problem zu lösen.

Wer den inneren Drang verspürt, sich intensiv mit einer bestimmten Materie zu beschäftigen, wer unbedingt dazulernen will, kann sich in der Regel auch gut konzentrieren – zum Beispiel

- **beim Malen.** Er pinselt und strichelt geduldig, bis das Bild auf dem Papier den eigenen Vorstellungen entspricht.
- **beim Bauen.** Er probiert und übt ausdauernd, bis der aus Bausteinen zusammengebaute Kran auch wirklich funktioniert.

Wenn es sich für eine Aufgabe begeistern kann, bleibt ein Kind aufmerksam am Ball, vertieft in sein Spiel oder seine Arbeit, und lässt sich von seinem Tun nicht so schnell ablenken. Konzentration heißt: Ich bin mit meiner ganzen Aufmerksamkeit bei meinen Matheaufgaben oder meinen Vokabeln. Alles, was mich stören könnte, dringt nicht zu mir durch. So nehme ich zum Beispiel kaum wahr, dass mein Magen knurrt oder die Vögel vor meinem Fenster zwitschern.

Wie kann man die Konzentrationsfähigkeit gezielt fördern?

- **Machen Sie Mut.** Loben Sie. Wer sich wohl fühlt, lernt besser, denn angenehme Gefühle beflügeln nicht nur die Lernfähigkeit insgesamt, sondern erhöhen auch ganz speziell das Konzentrationsvermögen Ihres Kindes. Wer ein Referat mit Interesse angeht, weil er sich für das Thema gleich erwärmen kann, springt nicht gedanklich gleich wieder ab, sondern bleibt konzentriert bei der Arbeit. Die Konzentration richtet sich auf Wichtiges. Dem Gehirn sind die Dinge wichtig, die Freude machen – einmal ist es das Tischtennisspielen, ein anderes Mal das Lösen der Matheaufgaben. Ist man innerlich von einer Sache ganz in Anspruch genommen, kommt die Konzentration von selbst. Folglich sollten Sie Ihr Kind ermuntern, sich vor allem mit dem zu beschäftigen, was von besonderem Interesse ist. Nehmen Sie Anteil an seinen Beschäftigun-

Wie sieht gute Konzentration aus?

Er zappelt auf seinem Stuhl hin und her, guckt alle naselang aus dem Fenster, wandert in die Küche und holt sich etwas zu trinken ... ganz eindeutig: Der Junge ist nicht bei der Sache, während er über seinen Hausaufgaben brütet. Wo mag er mit seinen Gedanken sein? Was tun, fragen sich die Eltern.

Machen Sie sich ein genaueres Bild. Notieren Sie Ihre Beobachtungen, Überlegungen, Fragen stichwortartig über einen gewissen Zeitraum. Machen Sie sich zum Beispiel zu folgenden Fragen Notizen: Welche Anzeichen weisen auf eine geringe Konzentrationsfähigkeit hin? Wie reagiere ich, wenn mein Kind unkonzentriert ist? Wann klappt die Konzentration, wann nicht?

Wenn Sie Ihre Notizen später auswerten, können Sie sich in der Rückschau ein klareres Bild machen, und es fällt entsprechend leichter, frühzeitig gegenzusteuern.

gen. Tragen Sie eigene Ideen dazu bei, aber nur, wenn Ihr Beitrag wirklich erwünscht ist. Wer seinen Lieblingsbeschäftigungen nachgehen kann, tankt frische Kräfte, und diese unverbrauchten Energien reichen hoffentlich, danach auch lästigere Pflichtprogramme konzentriert in Angriff zu nehmen – zum Beispiel ungeliebte Hausaufgaben.

- **Lassen Sie Musik zu, wenn Ihr Kind arbeitet.** Musik hören und gleichzeitig für die Schule lernen? »Das passt nicht zusammen!«, sagen Erwachsene gerne. Irrtum – denn so generell kann man das nicht sagen. Manche Kinder reagieren hochempfindlich auf Musik oder Hintergrundgeräusche. Andere fühlen sich wohl und können sich besser konzentrieren, wenn das Radio dudelt, die Mutter im Hintergrund mit der Zeitung raschelt oder der Vater mit Löffel und Kaffeebecher klappert. Beobachten Sie, wie Ihr Kind auf Hintergrundmusik oder -geräusche reagiert, sprechen Sie mit ihm darüber, und treffen Sie dann gemeinsam eine Entscheidung.

- **Vermeiden Sie Ablenkung.** Die Aufnahmefähigkeit ist begrenzt. Keiner kann gleichzeitig einen Text aus dem Lesebuch verstehen und Nachrichten aus dem Radio aufnehmen. Kommt beides zusammen, streikt die Konzentrationsfähigkeit. Deshalb bitte nicht telefonieren, bitte keine Plauderstündchen mit Geschwistern oder Freunden abhalten, wenn im Umfeld gelernt wird.

- **Stellen Sie einen Stufenplan auf,** legen Sie gemeinsam mit Ihrem Kind realistische Ziele fest, wann welche Aufgabe geschafft sein sollte. Teilen Sie die Arbeit in kleine Portionen auf, sorgen Sie so für Abwechslung: Erst zehn Minuten rechnen, dann fünfzehn Minuten Sachkunde. Das Arbeiten fällt leichter, wenn man sich von Etappe zu Etappe hangelt, immer ein erreichbares Ziel vor Augen. Ist es erreicht, wird eine Pause eingelegt. Dieses Lernen in kürzeren Abschnitten ist enorm wichtig, weil sich Schulkinder etwa 15, 20, 25 Minuten am Stück konzentrieren können – aber nicht länger. Durch das Portionieren verlieren auch große Hausaufgabenberge ihren Schrecken.

- **Geben Sie eine bestimmte Übungszeit** für das Lösen einer Aufgabe vor, damit Ihr Kind lernt, sich die Zeit einzuteilen und Stress auszuhalten. Zu eng sollte dieser Rahmen allerdings nicht gesteckt sein, denn unter großem Zeitdruck kann keiner gut denken.

Auch Langsamkeit hat ihren Reiz

Er braucht ewig, bis er ein Buch beendet hat. Mutter und Vater können nicht glauben, wie lange er für das Lesen von gerade mal hundert Seiten benötigt. Er ist einfach nicht schnell genug und entspricht damit nicht den Vorstellungen seiner Lehrer und seiner Eltern, die allesamt aufs Tempo drücken. Ihre Begründung: »Es kann sich heute keiner mehr leisten, langsam zu sein.« Natürlich gilt es in unseren Zeiten nicht als Plus, verträumt und in aller Ruhe vor sich hinzulesen, die Hausaufgaben langsam zu erledigen, in seinem Zimmer etwas umständlich herumzukramen. Denn immer heißt es: »Schnell, schnell!«

Dass Langsamkeit auch von Vorteil sein kann, wird gerne übersehen: Wer langsam durchs Leben gleitet, bekommt meistens mehr mit. Er nimmt etwa die Geschichte beim Lesen in allen Einzelheiten auf und kann meist jedes Detail wiedergeben. Bei den Hausaufgaben ist er wahrscheinlich gründlicher als ein ganz Flotter. Und beim Malen kommen eher sorgfältig und geduldig gestaltete Bilder heraus. Was auf den ersten Blick als Schwäche erscheint, wird auf den zweiten oft als Stärke empfunden. Die Kunst von Eltern besteht darin, den eigenen Blickwinkel zu erweitern, ihr Kind nicht vorschnell zu bewerten, Vor- und Nachteile vorsichtig abzuwägen und zu verinnerlichen: Keiner muss perfekt sein.

- **Machen Sie Ihr Kind mit Büchern vertraut.** Romane, Sachbücher, Comics können manchen dazu bringen, die Welt draußen zu vergessen und ganz in einem Text zu versinken, völlig vertieft in die Geschichte, nur auf das gerade aktuelle Thema fixiert. Wer diese Erfahrung häufiger gemacht hat, weiß aus eigenem Erleben, was Konzentration ist. Wecken und unterstützen Sie die Freude an Büchern, am Lesen, Durchblättern und Bilderbetrachten. Lesen Sie viel vor. Erzählen Sie von eigenen Leseabenteuern. Regen Sie zum Weiterlesen von Büchern ähnlicher Machart oder von Büchern des gleichen Schriftstellers an, wenn Ihr Kind ein Lieblingsbuch oder Lieblingsthema entdeckt hat. Suchen Sie gemeinsam mit ihm in Bibliotheken und Buchhandlungen nach geeignetem Lesestoff.

Wer die Konzentration steigern will, sollte zusätzlich einige grundlegende Vorsorgemaßnahmen ergreifen:

- **Sorgen Sie für ausreichenden Schlaf.** Bereits eine halbe Stunde mehr Schlaf steigert die Leistungsfähigkeit beträchtlich. Bei Konzentrations- und Reaktionstests schneiden Mehrschläfer deutlich besser ab als Kinder, die mit wenig Schlaf auskommen, wie ein Forschungsteam der Universität Tel Aviv herausgefunden hat. Wichtige Verstärker für gesunden Schlaf:
  - **Ruhe vor dem Einschlafen.** Ihr Kind findet schneller in den Schlaf, wenn etwa eine Stunde vor dem Zubettgehen Schluss ist mit Fernsehen, Tobespielen und lauter Musik, aber auch mit Schimpfen und Ärger.
  - **Beachten Sie den Tagesrhythmus Ihres Kindes.** Wird sein individuelles Schlaf- und Ruhebedürfnis in der Familie ausreichend berücksichtigt? Bekommt es den Schlaf, den es braucht, um morgens wirklich ausgeschlafen zu sein? Wie sieht der Morgen vor der Schule aus? Versuchen Sie, vor der Schule mit der Familie zu frühstücken. Dieser ruhige Start in den Tag – und sei es nur minutenlang – wirkt entspannend und tut der Konzentrationsfähigkeit gut.

- **Achten Sie auf einen gesunden Pausensnack.** Das Schulbrot verhilft zu neuen Kräften. Intelligenz, Energie, Erfindungsgabe – in der Schule sind viele unterschiedliche Fähigkeiten gefragt. Um gut gerüstet zu sein, muss jeder Schüler schauen, wie er bei Kräften bleibt. Ein zuverlässiger Kraftspender: die richtige Ernährung. Leider sind die Süßigkeiten vom Kiosk gegenüber von der Schule in der Regel bei Weitem beliebter als ein normales Schulbrot. Schade, denn das Schulbrot liefert die Nähr- und Wirkstoffe, die man braucht, um leistungsfähig durch den Vormittag zu kommen. Wie sollte ein gesunder Pausenimbiss aussehen, der die Leistung steigert?
  - **Eine Scheibe Brot** mit Wurst oder Käse.
  - **Obst oder Gemüse.**

- **Bieten Sie ausreichend zu trinken an.** Der Körper braucht genug Flüssigkeit, um gute Leistungen zu bringen – auch das Gehirn. Nur wenn Schulkinder genug trinken – bis zu zwei Liter Flüssigkeit pro Tag, sagen die Fachleute –, ist ihre Leistungsfähigkeit optimal.

■ **Achten Sie auf Bewegung an der frischen Luft.** Mehr dazu auf Seite 32.

■ **Beliebte Fehler.** Nicht wenige Eltern organisieren ein zweites Bildungsprogramm neben der Schule – sorgen für Extrakurse von Ballettstunde bis Flötenunterricht (Seite 32). Bei aller Freude an dem Kursprogramm – ein voller Terminkalender überfordert mitunter, und diese Überforderung kann sich auch in Konzentrationsstörungen zeigen (Seite 45).
Ist ein Kind nicht richtig bei der Sache, helfen auch Ermahnungen nicht weiter – erst recht keine Sprüche wie zum Beispiel »Konzentriere dich endlich!«
»Jetzt bleibst du auf deinen vier Buchstaben sitzen und guckst in dein Heft!«
Ermahnungen nerven, werden deshalb gerne überhört oder bringen ein Kind höchstens dazu, mit Fleiß weiterzuzappeln: jetzt extra – mit voller Absicht.
Noch eins: Vokabeln abfragen, Fragebögen ausfüllen, Matheaufgaben verbessern – lauter lästige Beschäftigungen, die Erwachsenen meistens wenig Spaß machen. Ziehen sich die Hausaufgaben ewig in die Länge, verdüstert sich die Stimmung gerne. Meckern und maulen die Erwachsenen, weil die Arbeit nicht konzentriert erledigt wird, färbt ihre miese Laune ab. Nicht selten kommt es dann zum Streit:
»Warum kommst du nicht vom Fleck?«
»Unmöglich, wie lange du brauchst!«
Die Folge: Alle sind gereizt und schlecht gelaunt. Konzentration und gute Stimmung sind endgültig dahin. Wenn Sie das Gefühl haben, dass das Kind gerade keinen Schritt vorwärtskommt, schlagen Sie lieber eine kleine Pause vor.

Weitere Tipps

Weitere bewährte Mittel, um die Konzentration zu steigern:
Spielen Sie konzentriert zusammen. Mit Hilfe von Spielen können Sie die Konzentrationsfähigkeit gezielt fördern. Einige Tipps dazu:

■ **Gesellschaftsspiele** trainieren die Aufmerksamkeit, zum Beispiel: Kartenspiele, Mikado, Memory, Mühle, Schach, Halma.

■ **Geduldsspiele** fördern den langen Atem, stärken das Durchhaltevermögen. Oft genug verliert einer dabei die Geduld und fegt wütend sämtliche Spielsteine zur Seite.

- **Hüpfekästchen.** Einer schießt auf einem Bein hüpfend auf einem gepflasterten Weg einen Stein vor sich her – von einem Kästchen ins andere. Der Stein soll nicht auf einer Trennungslinie landen. Wenn mehrere mitmachen: Wer hält am längsten durch?

■ **Sportspiele** eignen sich ebenfalls als Konzentrationsübungen, zum Beispiel Ballspiele wie:

- **Schießbude.** Aus leeren Dosen wird eine Pyramide erbaut, auf die aus fünf Meter Entfernung nacheinander Tennisbälle geworfen werden. Wer braucht die wenigsten Würfe, um die Dosenpyramide zu zerstören? Oder wer trifft bei drei Würfen die meisten Dosen?
- **Elfmeterschießen.** An einer Wand wird ein Tor markiert. Aus elf Meter Entfernung versuchen die Mitspieler dann, einen Fußball ins Tor zu schießen.

Mit Hund mehr Freude am Lernen?

Er macht Mut, hemmt Aggressionen, hellt die Stimmung auf, beschleunigt das Lernen, mindert den Stress. Ein Hund wird von vielen erfahrenen Pädagogen als Lernbegleiter hochgelobt und in manchen Schulen sogar im Unterricht eingesetzt. Doch wie wirkt sich ein Hund positiv aus? Er nimmt ein Kind, wie es ist – egal, ob es eine Katastrophe in Mathe, schlampig bei den Hausaufgaben oder unpünktlich ist. Ein Hund kann helfen, Ängste zu überwinden, Anspannung aufzulösen, schlechte Laune zu vertreiben und die Lernbereitschaft zu erhöhen. Tiere regen die Neugier und die Kreativität an, wie Studien der Konrad-Lorenz-Forschungsstelle im österreichischen Grünau ergeben haben.

Jedes Kind hat fünf Versuche frei. Gewinner ist, wer konzentriert bei der Sache ist und die meisten Treffer verzeichnet.

- Kimspiele, benannt nach einer Figur des englischen Schriftstellers Rudyard Kipling, sind brauchbare Gedächtnis- und Konzentrationsetüden, die überall zu machen sind. Man kann sie am Strand spielen mit Muscheln, Steinen und einem Handtuch zum Abdecken oder im Restaurant mit Stift, Gabel, Bierdeckel und einer Serviette zum Abdecken – und natürlich auch zu Hause.
- Das Tablettspiel. Auf ein Tablett werden acht verschiedene kleine Gegenstände gelegt wie etwa Eierlöffel, Nagelschere, Spitzer und so weiter. Alle Mitspieler prägen sich die Dinge ein, bevor das Tablett abgeräumt wird. Wer kann aus dem Gedächtnis aufzählen, was auf dem Tablett lag?

- Malspiele fördern die Konzentrationsfähigkeit wie etwa
- blindes Malen. Alle Mitspieler verbinden sich die Augen und malen auf »Los!« ein Gesicht. Wer ist zuerst fertig? Später werden die Werke gemeinsam betrachtet.
- nach Musik malen. Oder mit geschlossenen Augen einen Kreis, eine Acht, einen Bogen malen. Oder mit beiden Händen gleichzeitig einsetzen und große Bögen, kleine Wellen, dicke Punkte und gerade Linien mit dicken Stiften aufs Papier bringen. Jedes Malen und Zeichnen übt natürlich nicht nur die Konzentrationsfähigkeit, sondern auch weitere Fähigkeiten wie etwa Feinmotorik und Kreativität.

- Entspannungsspiele eignen sich als Pausenfüller zum Auftanken in den Arbeitspausen. Immer mehr Pädagogen und Psychologen weisen auf gute Erfahrungen mit diesem Mittel hin. Nach den Übungen wird dann umso konzentrierter weitergearbeitet.

- **Die Stillhalter.** Ein Spiel für zwei oder mehr: Auf Ihr Kommando hin halten alle Spieler still, erstarren unbeweglich in der Haltung, die sie gerade eingenommen hatten. Gewinner ist, wer sich am längsten nicht bewegt.
- **Die Träumer.** Wer mitmacht, schließt die Augen, atmet tief und ruhig, geht innerlich auf Abstand zu Hausaufgabe und Lernprogramm und macht sich in Gedanken auf eine Reise. Schippert in seiner Fantasie mit einem Schiffchen durch Seen und Kanäle. Oder fliegt, auf einem Teppich sitzend, über Wüstenlandschaften oder gleitet in einem Ballon über eine hügelige Wiesenlandschaft und entspannt dabei.

Die Sinne schärfen. In der Umgebung unserer Kinder warten überall Ablenkungen und verführerische Reize. Kein Wunder, dass es ihnen nicht leichtfällt, bei einer Arbeit konzentriert hinzuschauen, hinzuhören und nicht in Gedanken abzuschweifen. Zwei Übungen für gezielte Aufmerksamkeit:

- **Genau hinhören.** Drehen Sie den Ton des Fernsehgeräts leiser. Wer kein Wort verpassen will, muss ganz genau die Ohren spitzen – eine Konzentrationsübung.
- **In den Wald hineinhorchen** – ein Sommerspiel für draußen. Am Waldrand mucksmäuschenstill im Gras liegen und horchen: Was ist zu hören? Zwitschernde Vögel? Rauschende Blätter? Das Summen von Insekten?
- **Beschwörende Blicke.** Die Augen eine Minute lang auf ein ganz bestimmtes Ding richten – auf einen Globus zum Beispiel oder einen Blumenstrauß. In der »Guckphase« ist es nicht erlaubt, an anderes zu denken. Wer schafft es, bei der Sache zu bleiben? Wer hat seinen Gegenstand so konzentriert betrachtet, dass er ihn aus dem Gedächtnis malen kann? Wird die Übung wiederholt, gelingt die Konzentrationsübung schon besser.

Basteln Sie drinnen oder draußen zusammen. Beim Hantieren mit Kleber und Schere ist neben Geschick auch Konzentration gefragt und Durchhaltevermögen.

- **Bauen und kleben Sie eine Burg** aus Papprollen und Schachteln samt Türmen und Torbogen. Lassen Sie hauptsächlich Ihr Kind machen, begnügen Sie sich mit Hilfsarbeiten. Später wird das ganze Gebilde gründlich angemalt.
- **Fabrizieren Sie einen »Pusteball«** – ein Spielzeug, mit dem man Geduld und Aufmerksamkeit schulen kann. Erst wird ein dicker Trinkhalm mit »Gelenk« rechtwinklig abgebogen, dann ein runder hölzerner Zahnstocher mitten durch eine kleine Styroporkugel gesteckt. Der Zahnstocher sollte unten mindestens einen Zentimeter herausschauen. Das Spiel: Den Trinkhalm so in den Mund stecken, dass das kürzere Stück senkrecht nach oben weist. Dann den Styroporball mit der Holzspitze, die nach unten herausragt, in die Trinkhalmöffnung stecken. Vorsichtig blasen. Schwebt der Ball? Wer schafft es, ihn wieder auf dem Halm landen zu lassen?

Trainieren Sie das Gedächtnis

Wer lernt, geht davon aus, dass er im Gedächtnis behält, was er sich erarbeitet hat. Es ist ein gutes Gefühl, wenn die Vokabeln wirklich sitzen und man immer wieder darauf zurückgreifen kann oder wenn die Matheformeln sprudeln, sobald man sie aus dem Gedächtnisspeicher abruft. Erinnern heißt, sich das ins Bewusstsein rufen zu können, was man im Gedächtnis gespeichert hat. Dieser Mechanismus funktioniert allerdings nicht immer: Manches haben wir zwar gespeichert, oft wissen wir auch ganz genau, dass die gesuchte Vokabel oder Formel »da« ist. Wir suchen und gründeln in allen Ecken unseres Gehirns, können die Information im Moment aber einfach nicht abrufen. Warum nicht? Weil körperliche, seelische oder geistige Ursachen mitunter verhindern, dass uns einfällt, was wir brauchen. Erinnern kostet Kraft. So könnte Übermüdung ein Grund für Erinnerungslücken sein oder eine Überflutung mit ähnlichen Informationen, die unser Gehirn nicht auf Anhieb sortieren kann, oder Angst. Belastende Ereignisse werden oft verdrängt.

Beim Lernen klagen die meisten Kinder häufiger über eine Art »Gedächtnisschwund«:

»Gerade erst intus und schon wieder futsch!«

»Ich habe ein Gedächtnis wie ein Sieb! Bleibt nur wenig hängen!«

Sie jammern, dass die Sätze, die sie sich gerade erst eingetrichtert haben, auf ewig in geheimnisvollen Untiefen ihres Gedächtnisses verschwunden sind – das ist natürlich ärgerlich.

Erinnerungen kommen sowohl in Bildern als auch in Sprache vor. Um Gelerntes jederzeit wieder abrufen zu können, sollte es unter angenehmer Anspannung verinnerlicht worden sein. Neurobiologen und Psychologen weisen darauf hin, dass eher die Informationen gespeichert werden, die in ihrer emotionalen Färbung unserer augenblicklichen Stimmung ähneln. Was mit ungutem Gefühl im Gedächtnis gespeichert wurde, wird von der Erinnerung später mitsamt dieser unguten Empfindungen wieder ausgegraben. Das kann belastend wirken. Diese Belastung kann einen Blackout zur Folge haben: Obwohl man das Gedicht vor einer Stunde noch von A bis Z aufsagen konnte, ist die Erinnerung daran plötzlich wie weggeblasen.

- **Bringen Sie das Gedächtnis mit Lerntricks auf Trab,** etwa mit
- **der Merkzettelmethode** – einem Vier-Punkte-Programm zur Vorbereitung auf eine Schulaufgabe.

Der erste Schritt: Ihr Kind schreibt aus dem zu lernenden Textabschnitt mit dikkem Filzstift oder in großer Computerschrift die Kernsätze auf Schreibpapier und unterstreicht Wichtiges. Es liest die aufgeschriebenen Sätze durch, versucht, den Inhalt des Textes mit Hilfe der aufgeschriebenen Sätze zu erfassen, und vergleicht die Sätze mit dem Text.

Der zweite Schritt: Wiederholung von Schritt 1: lesen, rausschreiben, Wichtiges unterstreichen, vergleichen.

Kaugummi unterstützt das Gedächtnis

Durch intensives Kauen wird die Durchblutung des Gehirns gefördert, denn Kaugummikauen entspannt die Muskeln, steigert die Konzentrationsfähigkeit und hält länger wach, wie Studien der Columbia-Universität (USA) ergeben haben. Außerdem hält das Kauen die Muskeln im Kopf schön locker: Kiefer-, Gesichts- und Nackenmuskulatur, die nach langem Sitzen am Schreibtisch oft verspannt sind und Kopfschmerzen hervorrufen. Auch bei empfindlichen Ohren sorgt Kaugummikauen für eine ständige Bewegung des Innenohrs und beugt so angeblich sogar Entzündungen vor. Damit das Kauen nicht den Zähnen schadet, bitte unbedingt zuckerfreien Kaugummi kaufen.

Der dritte Schritt: Wiederholung von Schritt 1 und Schritt 2. Die zuletzt geschriebenen Kernsätze am Abend vor der Schulaufgabe unters Kopfkissen legen, in der nicht ganz ernst zu nehmenden Hoffnung, dass der gelernte Stoff in die Träume eingeht. Vor dem Einschlafen noch einmal an die aufgeschriebenen Kernsätze denken.

Der vierte Schritt: Während der Schulaufgabe an den Zettel mit der Filzstiftschrift denken und die Informationen, die man vor seinem inneren Auge hat, noch einmal durchgehen.

■ Vokabelblumen anfertigen. Wer »Memory« kennt, weiß, dass das folgende Gedächtnisspiel bei Kindern ankommt:

Der erste Schritt: Aus verschiedenen bunten Papieren werden einfache Blumenblüten geschnitten (oder Sterne, oder auch Kreise), auf jede Blume wird eine andere Vokabel geschrieben – in Englisch (oder Französisch, Latein, Italienisch …) und Deutsch.

Der zweite Schritt: Die Blumen werden auf einem Tisch verteilt. Genau angeschaut. Umgedreht. Wer weiß noch, welche Vokabel auf welcher Blume steht?

■ Wörterbilder malen. Wenn ein Wort, eine Vokabel einfach nicht im Gedächtnis bleiben will, wird das Wort groß und dick mit Filzstift auf ein DIN-A4-Blatt geschrieben. Regen Sie Ihr Kind an, ein Bild dazu zu malen. Mit Bild bleiben die Dinge besser im Gedächtnis haften.

■ Eselsbrücken suchen. Nicht nur heute haben Kinder Schwierigkeiten, sich die Reihenfolge der vier Fälle im Deutschen oder die Nebenflüsse der Donau zu merken. Deshalb gibt es für viele solcher Fälle Eselsbrücken, die von Lehrern oder älteren Schülern an die Jüngeren weitergegeben werden. Wenn Sie solche Eselsbrücken noch kennen, erzählen Sie Ihren Kindern davon. »Wer nämlich mit h schreibt, ist dämlich«, das kennt wohl fast ein jeder.

Wer sich die Reihenfolge: Nominativ, Genitiv, Dativ, Akkusativ nicht merken kann, denkt sich einen Satz aus, der mit den Anfangsbuchstaben der Fälle beginnt, etwa: »Nora gießt die Ananas.« oder: »Nur Günter darf ackern.«

- **Gedichte und Lieder auswendig lernen.** Entwickeln Sie daraus Spiele, wie zum Beispiel:
  - **Wochentagsgedichte.** Heute lerne ich ein Montagsgedicht. Morgen bist du mit einem Dienstagsgedicht an der Reihe! Wer hat das bessere Gedächtnis und hat sein Montags- oder Dienstagsgedicht noch eine Woche später im Gedächtnis?
  - **Gemeinschaftsgedichte.** Zwei Mitspieler lernen ein Gedicht auswendig. Später sagen sie es im »Chorgesang« auf – etwa während einer Autofahrt.
  - **Gedichte spielen.** Das Gedicht wird nicht nur vorgetragen, sondern zu jeder Zeile übt man eine pantomimische Geste ein – das Gedicht wird zum Schauspiel.

- **Beliebte Fehler:** Wenn ihr Kind darüber klagt, dass es Erlerntes sofort wieder vergisst, kommen Eltern gerne mit markigen Kernsätzen wie:

»Du musst eben gründlicher lernen! Wiederhol den Stoff häufiger!« »Fang früher an zu lernen, dann hast du Zeit zu überprüfen, ob sitzt, was du gelernt hast. Du teilst den Stoff in kleine Portionen auf, die du abschnittsweise lernst!«
Gute Ratschläge werden gerne überhört, oder sie verpuffen schnell, wenn sie oberlehrerhaft vorgebracht werden.

Weitere Tipps

Eine gute Methode, das Gedächtnis zu trainieren – locker und leicht und ohne, dass Ihr »pädagogischer Zeigefinger« gleich zu erkennen ist:

- **Spielen Sie mit Ihrem Kind Gedächtnisspiele,** ohne zu erwähnen, dass die angebotenen Spiele noch einen anderen Hintergrund haben als den Spaß an der Sache.
  - **Buchstabenspiel.** Mit dickem Filzstift werden sechs bunte Buchstaben – A C Q R S W Z – auf ein großes Blatt Papier geschrieben. Wer kann sich wie viele Buchstaben merken? Wer schreibt neue Buchstaben auf?
  - **Tausendfüßlersätze.** Je mehr Spieler mitmachen, desto besser. Der jüngste Spieler startet mit einem Zwei-Wort-Satz wie: »Ella rennt.« Der Nächste wiederholt den Zwei-Wort-Satz und hängt ein Wort an: »Ella rennt schnell ...«, wer dann an der Reihe ist, wiederholt und hängt ein weiteres Wort an: »Ella rennt schnell über ...« So wird reihum gespielt, wiederholt, die Geschichte weitergesponnen. Das Spiel endet, wenn die Geschichte zu lang wird, um sie noch im Gedächtnis zu behalten und zu wiederholen.
  - **Bilder merken.** Legen Sie zwölf gleich große Fotos oder Memorykärtchen im Kreis aus. Ihr Kind darf sich die Bilder genau eine Minute lang einprägen. Dann sammeln Sie die Fotos ein und geben den Stapel an Ihr Kind. Es soll nun versuchen, die Fotos wieder in der gleichen Reihenfolge aufzulegen. Für jedes richtig gelegte Bild gibt es einen

Punkt. Nach jeder Runde wird gewechselt: Nun legt Ihr Kinder die Bilder auf, und Sie prägen sich deren Lage eine Minute lang ein. Legen Sie vorher die Anzahl der Runden fest. Wer am Schluss die meisten Punkte gesammelt hat, ist der Sieger.

Für Gedächtnisprofis bietet sich folgende Variante an: Verwenden Sie Bilder von gleichartigen Dingen. Also nicht ein Auto, eine Blume, ein Haus, sondern zwölf Fotos, die Gesichter von Menschen zeigen, oder zwölf verschiedene Blüten oder zwölf verschiedene Schmetterlinge.

- Wissensrallye. Ein Lernspiel für bewegungsfreudige Kinder.

Erster Schritt: Sie teilen den zu lernenden Stoff in vier Abschnitte auf. Danach schreiben Sie den Text auf vier nummerierte Zettel.

Zweiter Schritt: Dann wird draußen weitergespielt: Die vier Zettel mit den vier Wissensportionen werden mit Klebeband an vier verschiedenen Bäumen im Garten oder im Park befestigt.

Dritter Schritt: Auf »Los!« sucht Ihr Kind den mit einer Eins nummerierten Zettel. Es liest ihn durch, während es zu Ihnen zurückwandert. Dann wird der zweite Zettel gesucht und so weiter.

Vierter Schritt: Wiederholung des Spiels. An jedem Baum wird auswendig das aufgesagt, was auf dem entsprechenden Zettel steht.

Fünfter Schritt: Später geht Ihr Kind in Gedanken noch einmal von einem Baum zum anderen und versucht sich an die entsprechenden Zettel zu erinnern: »Welcher Abschnitt hing wo?«

- Das Zahnputzspiel – ein Spiel, das sich schnell in den Alltag einbauen lässt. Vier wichtige Lernwörter werden auf vier Zettel in vier verschiedenen Farben geschrieben und mit Klebeband neben dem Spiegel im Bad befestigt. Beim Zähneputzen, beim Händewaschen werden die Zettel studiert und die Wörter gelernt.

Entdecken Sie die Begabungen

Bilden Kinder ein Team, wird bald deutlich, dass jeder über ein ganzes Spektrum normaler Fähigkeiten verfügt und darüber hinaus über einen Fächer besonderer Talente. Woher kommen diese besonderen Talente? Jeder Mensch bringt seinen eigenen Charakter, seine eigenen Begabungen mit. Welche Begabungen vorhanden sind, ob sich die einzelnen Talente entfalten können, das hängt von verschiedenen Faktoren ab:

Erstens: von den Genen. Der eine hat die besondere Anlage mitbekommen, geschickt mit einem Ball dribbeln zu können – vielleicht vom Opa geerbt. Der andere verfügt über die Anlage, mit Mathematik und Zahlen umgehen zu können – eventuell dank der mütterlichen Gene.

Zweitens: von der Förderung. Die Anlagen, die Ihr Kind mitbringt, können sich nur entfalten, wenn es genug Entwicklungsanreize erfährt, denn sein Gehirn braucht gezielte Impulse, um sich gut zu entwickeln.

Manche Mütter und Väter vertrauen darauf, dass die Talente ihres Kindes in der Schule entdeckt und gefördert werden. Das ist aus zwei Gründen ein Irrtum:
Erstens: Besondere Begabungen entfalten sich am besten, wenn sie möglichst frühzeitig entdeckt und unterstützt werden – also schon vor der Schulphase. (Wer erst in der Vorpubertät das Flötenspiel entdeckt, kann noch ein guter Musikant werden, aber meist kein außergewöhnlich genialer mehr.)
Zweitens: Lehrer sind nicht unbedingt Meister im Entdecken neuer Talente, weil sie sich vielleicht nicht die Mühe machen oder nicht über die Möglichkeiten verfügen, auf die besonderen Stärken und Schwächen ihrer Schüler einzugehen. Die Schulleistungen müssen die wahren Fähigkeiten eines Kindes folglich nicht unbedingt widerspiegeln.
Was können Eltern also für ihr talentiertes Kind tun?

- Achten Sie auf die Signale, die Ihr Kind zeigt. Gehen Sie verständnisvoll auf seine Interessen ein, wenn Sie seine Talente entdecken und fördern möchten.

- Melden Sie Ihr Kind bei einem Begabungstest an, der von Fachleuten durchgeführt wird.

- Trauen Sie Ihrer Intuition und Beobachtungsgabe. Wer seinem Kind ausreichende Freiräume zugesteht, wer es kontinuierlich im Blick hat, kann über die Jahre hinweg beobachten, ob sich spezielle Fähigkeiten zeigen. Bei der Suche können folgende Orientierungspunkte helfen:

- Mein Kind ist ein Techniker. Es will wissen, wie die Dinge funktionieren: das Handrührgerät, die Espressomaschine, die Klimaanlage im Auto. Außerdem bastelt und tüftelt es gerne. Geben Sie ihm alte Geräte, die es in einer Bastelecke auseinandernehmen und wieder zusammensetzen kann.
- Mein Kind liebt Musik. Es spielt ein Instrument, hat generell Interesse an Musik, geht gerne in Konzerte. Fördern Sie seine Freude an Musik. Ermöglichen Sie ihm Unterricht.
- Mein Kind malt gerne. Es hat ein Faible für Formen und Farben, besucht gern Gemäldegalerien. Lassen Sie ihm genug Zeit zum Zeichnen und Malen.
- Mein Kind liest stundenlang. Ganz in seine Bücher vertieft, verschwindet es in andere Welten. Nehmen Sie Anteil, lassen Sie sich erzählen, worum es in den Geschichten geht.
- Mein Kind ist an Menschen interessiert, an ihrem Verhalten, ihren Sehnsüchten. Es mag Diskussionen und Gespräche. Bieten Sie ausreichenden Lese- und Gesprächsstoff an.
- Mein Kind sorgt gerne für andere – für Menschen und Tiere. Es übernimmt Verantwortung, engagiert sich im sozialen Bereich. Unterstützen Sie sein Engagement.
- Mein Kind ist abenteuerlustig und gerne unterwegs. Lesen Sie zusammen Abenteuerbücher, Reiseberichte. Unterstützen Sie frühzeitig seine Reiselust.
- Mein Kind ist sehr sportlich. Es hat vor allem an Tennis, Reiten und dem Sportunterricht in der Schule Interesse. Unterstützen Sie den Bewegungsdrang.

Das Wissen und Können stärken

Eltern spielen eine Schlüsselrolle beim Lernen. Indem sie ihr Kind ans Malen, ans Singen, ans Denken heranführen, schaffen sie die Basis für eine gute weitere Entwicklung. Zwischen guten Schulleistungen und Elternhaus besteht ein Zusammenhang. Wissbegierde, Bildungshunger sind eine Familienangelegenheit. Die wichtigste Erfahrung, die ein Kind während seiner Ausbildung sammelt, ist wohl die Erkenntnis, dass Wissen nicht einfach vom Himmel fällt. Fähigkeiten entwickeln sich nach und nach, sie müssen manchmal mühsam erworben und geübt werden. Bei diesem Prozess sind Eltern wichtige Begleiter, unentbehrliche Helfer.

Fördern Sie die Sprache – gesprochen und geschrieben

Wer in der Schule Erfolg haben möchte, muss vor allem sprachlich mithalten können. Je intensiver sich Eltern mit ihren Kindern beschäftigen, je intensiver die Gespräche, die zu Hause geführt werden, desto besser für die Sprachentwicklung. Wer sich differenziert ausdrücken kann, denkt differenzierter. Dazu kommt: Mit oder ohne Reform ist unsere Rechtschreibung alles andere als einfach. Es erstaunt also nicht, dass viele Grundschüler mit dem Lesen und Schreiben nicht perfekt klarkommen und ihre Diktate, ihre Aufsätze nur so vor Fehlern strotzen – trotz allen Übens. Jeder Lese- und Schreibanfänger vergleicht sich mit seinen Mitschülern, seinen Geschwistern. Wer nicht wirklich gut lesen und schreiben kann, fürchtet, schnell, den Stempel »dumm« verpasst zu bekommen – eine gefährliche Klippe. Denn diese Angst ist oft Quelle von Selbstzweifeln. Und wer den Anschluss verliert, reagiert oft mit Verhaltensstörungen, zieht sich zum Beispiel zurück oder spielt den Klassenclown.

Wie können Eltern die Sprachentwicklung, die Ausdrucksfähigkeit und Redefreude, die Lese- und Rechtschreibkünste ihres Kindes fördern?

- **Animieren Sie Ihr Kind zum Lesen,** denn das übt neben der Konzentrationsfähigkeit natürlich zuerst die Sprache. Zeigen Sie ihm, wie viel Freude Bücher machen können, zeigen Sie ihm lustige, traurige, lehrreiche Bücher.

- Geben Sie ein gutes Vorbild ab. Eltern, die selbst begeistert und viel lesen, die in der Familie erzählen, was sie gelesen haben, animieren ihr Kind über Bücher, Zeitungsartikel, Beiträge in Zeitschriften. Zeigen Sie ihm, wie bereichernd Bücher und ihre Geschichten sind.
- Mit verteilten Rollen lesen. Lesen Sie zu zweit immer abwechselnd, und tauschen Sie nach jedem größeren Absatz. Oder lesen Sie sich gegenseitig vor in gemütlicher Atmosphäre.
- Erzählen Sie oft von eigenen Leseabenteuern aus Ihrer Jugend. Beschreiben Sie, warum dieses oder jenes Buch zu Ihren Lieblingsbüchern zählte, wann und wo Sie es gelesen haben. Besorgen Sie das Buch, und lesen Sie daraus vor.
- Gehen Sie gemeinsam auf Entdeckungsreisen in Sachen Bücher. Entleihen Sie Bücher aus der Stadtbibliothek. Stöbern Sie gemeinsam in der Buchhandlung. Kümmern Sie sich um die Schulbibliothek.
- Erzählen Sie viel. Eltern fördern die Sprachentwicklung, dazu die Fantasie ihres Kindes, wenn sie viel erzählen – von der eigenen Kindheit, von ihrem Beruf, von besonderen Erlebnissen. Aus solchen Erzählungen können sich intensive Gespräche entwickeln, die auch Ihre Zuhörer zum Reden bringen.

- Sprechen Sie zu Hause auch über anspruchsvollere Themen, aber halten Sie bitte keine Vorträge, denn die kommen bei Kindern nicht an. Reden Sie beim Mittagessen, vor dem Fernseher, beim Spaziergang. Nehmen Sie sich möglichst viel Zeit. Teilen Sie mit, was Sie von der Tagespolitik halten, von bestimmten Zeitungsartikeln, was Ihnen gerade durch den Kopf geht.

Großeltern, Eltern haben viel zu erzählen. Von früher zum Beispiel, von ihren Reisen. Sie drücken ihre Gedanken und Gefühle aus. Oder sie führen dem Kind mit ihren Erzählungen fremde Welten vor Augen, vermitteln Wissen über Zug-

Wie Kinder fragen

Wieso, warum, weshalb – Kinder fragen viel und gerne. Oft fragen sie nicht nur mit Worten, sondern bringen ihre Fragen auf ganz unterschiedliche Weise zum Ausdruck. Sie gucken fragend. Sie runzeln die Stirn oder kauen auf der Unterlippe. Sie experimentieren, rühren eine Salatsauce an: Ob die schmeckt? Sie erzählen eine Geschichte: Ob sie andere zum Lachen bringt? Sie stehen in der Sonne, beobachten ihren Schatten und bewegen sich: Ob sich ihr Schatten so verändert, wie sie sich das vorstellen? Eltern lernen bald, das Verhalten ihres Kindes zu deuten und seine Fragen darin abzulesen.

vögel, Krokodile, Vulkane und Klimaveränderungen. Je ausgefeilter Ihre Erzählkunst, je umfangreicher Ihr Wortschatz, je abwechslungsreicher Ihr Satzbau, desto lebendiger, farbiger, aufregender Ihre Berichte. Zuerst hört Ihr Kind zu. Später redet es mit – das ist meistens nur eine Frage der Übung. Wahrscheinlich lässt es sich durch die Erzählungen anregen, greift manche Geschichten auf, beginnt selbst zu erzählen. Vielleicht schmückt es seine Geschichten aus, damit sie an Farbe gewinnen, und übt so seine Ausdrucksfähigkeit. Gesprächspausen dürfen ruhig sein. Meist sind sie für Erwachsene eher ein Problem als für Kinder. Ist Ihr Kind im Reden schon einigermaßen geübt, tut es sich leichter beim Lesen und Schreiben.

- **Schreiben Sie häufig.** Schreiben Sie Ihrem Kind Zettel mit kurzen Botschaften, Briefe, E-Mails, stellen Sie in Ihren Schreiben immer wieder Fragen, und bitten Sie fröhlich um Antwortschreiben. Machen Sie aus dem Hin und Her, aus dem Fragen und Antworten ein lockeres Spiel. Je mehr Ihr Kind schreibt, desto besser für seine Sprachentwicklung und sein Schriftbild.
- **Regen Sie Brieffreundschaften an.** Vielleicht ergeben sich auf einer Urlaubsreise im Ausland entsprechende Kontakte.
- **Animieren Sie Ihr Kind,** Tagebuch zu schreiben. Erzählen Sie eventuell von eigenen Tagebucherlebnissen.
- **Üben Sie Diktate mit Hilfe von Witzen.**
- **Schreiben Sie Reime auf** oder Palindrome (Wörter, die sich von beiden Richtungen lesen lassen: Anna, Otto, Maoam).

- **Spielen Sie Theater.** Üben Sie zusammen mit Kindern ein Stück ein, das später vor Publikum aufgeführt wird. Sprechen Sie viel über das Stück. Gehen Sie zusammen ins Theater, um die eigenen Erfahrungen zu überprüfen und zu verstärken.

- **Sprechen Sie über Sprache:** über Sprache in der Werbung, in Gedichten, in der Zeitung, im Fernsehen.
Machen Sie Ihrem Kind den Unterschied zwischen Sprache, die man spricht, und Sprache, die man schreibt, klar. Niemand schreibt so, wie er spricht (»stehn« statt »stehen«). Weil viele Wörter einfach anders geschrieben als gesprochen werden, darf die Regel nicht heißen: »Schreib so, wie du sprichst!« Die Schriftsprache hat viele eigene Regeln. Ein Tipp zum Schreiben: Beim Schreiben die Silben deutlich mitsprechen – das erleichtert die Sache meistens.

- **Beliebte Fehler:** Wenn sich beim Schreiben und Lesen Fehler häufen, wird geübt, geübt und noch einmal geübt. Das Dauerüben nervt und macht schlechte Laune. Ist die Stimmung mies, macht ein Kind bei seinen Schreib- und Leseübungen erst recht Fehler – eine Spirale aus Angst und Ärger, Anspannung und Ungeduld schraubt sich hoch. Damit werden die Leistungen nicht besser, sondern eher schlechter. »Ist mein Kind zu dumm? Zu uninteressiert? Zu faul?«, fragen sich Eltern dann in ihrer Hilflosigkeit und machen aus Unsicherheit noch mehr Druck – Druck, der richtig krank machen kann. Was hilft: Entspannung. Den Druck vermindern.

Setzen Sie die Medien geschickt ein

Wer sich mit der Schule und dem Lernen schwertut, entflieht seinen Sorgen und Nöten gerne. Die Kommunikationstechnologie bietet eine willkommene Möglichkeit zur Flucht in andere Welten, denn das Surfen im Internet schließt das Risiko aus, mit eigenen Unzulänglichkeiten konfrontiert zu werden. Im Netz gibt es keine kritische Instanz, niemanden, der Forderungen stellt. Was nicht gefällt, wird weggeklickt.

An Fernsehunterhaltung und Computerspielen interessierte Kinder sind an Berieselung gewöhnt und an Fertigprogramme. Die meisten sind begeistert von diesem reichhaltigen Angebot. Allerdings wirkt sich der Computereinsatz nicht nur positiv auf die Schulleistungen aus, weil Computerprogramme viele Kinder nicht unbedingt zum Lernen anhalten, sondern oft nur zum passiven Konsumieren. Das ist die eine Seite.

Die andere: Der PC kann sehr motivierend wirken, sagen Eltern, die positive Erfahrungen gesammelt haben. Kinder, die den Computer nutzen, lösen in der gleichen Zeit doppelt so viele Aufgaben wie im Heft, sagen sie und weisen darauf hin, dass ihr Nachwuchs oft sehr geschickt mit dem Computer hantiert und dazu stolz auf das eigene Können ist: »Alles selbst beigebracht!« Lernen am Computer hat viele Vorteile: Man kann den Stoff wiederholen, so oft man mag. Der Computer wird nicht ungeduldig, er wird nicht wütend. Manch einer könnte dennoch eine gezielte Anleitung gebrauchen, wie er den PC beim Lernen, beim Schreiben, Rechnen, Recherchieren, Mailen noch besser einsetzen könnte. Denn wird der Rechner falsch eingesetzt, kann er kontraproduktiv wirken.

Auch das Fernsehen muss nicht zwangsläufig zur Berieselungsanlage werden. Das Internationale Zentralinstitut für Jugend- und Bildungsfernsehen (IZI) in München hat Wissenssendungen für Kinder untersucht. Das Ergebnis: Kinder können beim Fernsehen dazulernen, vor allem bei didaktisch gut aufbereiteten Sendungen, denn damit beeinflusst das Fernsehen die Intelligenz positiv. Zur Sprachförderung trage häufiges Fernsehen allerdings nicht bei, sagen die Fachleute.

Die Bundeszentrale für gesundheitliche Aufklärung rät, Sechs- bis Neunjährige höchstens 60 Minuten, Zehn- bis Dreizehnjährige höchstens 90 Minuten täglich fernsehen zu lassen.

Weitere Tipps

Wer die Laut- und die Schriftsprache lernen will, muss Sprache sinnlich wahrnehmen, die Inhalte von Sprache präzise erfassen und wiedergeben können. Diese Fähigkeiten übt man auch beim Spielen.

- **Regen Sie Sprachspiele an.** Animieren Sie Ihr Kind, spielerisch mit Wörtern und Buchstaben zu jonglieren.
- **Wörter sammeln.** Ein Wortschatzspiel für die ganze Familie. Wer im Radio oder Fernsehen besondere Wörter hört, die ungewöhnlich klingen, oder sie in der Zeitung, in einem Buch liest, schreibt die Wörter auf Zettel. Bis zu zehn Zettel darf jeder ins Spiel bringen. Nach einer Woche geben alle Mitspieler ihre Zettel ab. Dann wird eine Wörter-Hitparade aufgestellt: Welches Wort bekommt die meisten Punkte, die wenigsten Punkte. Wer gewonnen hat, darf eine Belohnung einkassieren.
- **Reime verschlucken.** Lesen Sie Ihrem Kind Gedichte vor, lassen Sie dabei manchen Reim aus, und bitten Sie Ihre Mitspieler, ihn einzufügen. Oder lernen Sie zusammen kleine Gedichte auswendig. Wer lernt die erste Strophe? Wer die zweite?
- **Reime suchen.** »Kuchen!« Sie nennen ein Wort, Ihr Mitspieler sucht anschließend nach einem zweiten, das sich auf das erste reimt: »Suchen!« Hat er eine Lösung gefunden, gibt er das nächste »Reimewort« vor. Findet er keine Lösung, spielt der andere weiter. Je schneller das Spiel, desto reizvoller die Sache. Wenn mehrere Spieler mitmachen, gibt es für jeden Treffer einen Punkt. Gewinner ist, wer die meisten Punkte gesammelt hat.
- **Sätze bauen.** Ein Autospiel. Wer bildet aus den Buchstaben, die auf der nächsten Autonummer zu sehen sind, zuerst einen Satz? Beispiel: D-RS – »Der Radfahrer singt!« Für jeden Satz gibt es einen Punkt. Gewinner ist, wer nach zehn Runden die meisten Punkte gesammelt hat.
- **Fernsehsendungen nacherzählen.** Ein beliebtes Spiel unter Schulfreunden.

Üben Sie das Rechnen

Mathe? Für die einen ist Mathe kein Problem, für die anderen ein großes Rätsel – einfach ein Graus. Und wie das Rätsel lösen? Eine typische Matheklippe für viele Schüler (und ihre Eltern) stellen die Textaufgaben dar. Wenn man das schon hört: »Bauer Kunze hat eine Kuhwiese und will einen Weidezaun bauen …«, »Frau Murken will Kuchen backen und braucht …«, »Kaufmann Fritsche will neue Ware bestellen und überlegt …« Wieso diese Abneigung gegenüber Mathetexten? An den Aufgaben kann es eigentlich nicht liegen, denn sie sind meistens nicht besonders verzwickt. Zwei mögliche Erklärungen:

Erstens: Um eine Textaufgabe zu begreifen, muss man sie gründlich von A bis Z lesen. Schon das ist für nicht wenige Kinder ein Hindernis, denn sie sind einfach gelangweilt von den Texten: Die Weide von Bauer Kunze, der Kuchen von Frau

Murken und die Bestellungen von Kaufmann Fritsche interessieren sie einfach nicht. Die Folge dieses Desinteresses: Die Texte werden nur oberflächlich gelesen und deshalb nicht wirklich durchdacht – eine erste Fehlerquelle.

Zweitens: Weil sie gelangweilt sind, vermeiden es viele, die Ergebnisse ihrer Aufgaben noch einmal zu überprüfen. Bloß weg mit dem Zeug! Wie lässt sich diese Spirale durchbrechen?

■ Reden Sie zu Hause immer wieder über Zahlen: beim Einkaufen, beim Autofahren, beim Spaziergang, beim Stadtbummel. Stellen Sie häufiger ganz nebenbei und spielerisch kleine Rechenaufgaben. Kinder lernen dabei, dass Zahlen nicht abstrakt sind, sondern uns helfen, zu vergleichen – etwa Preise im Supermarkt, Entfernungen auf der Landkarte – und Unterschiede zu benennen. Lösen Sie zusammen mit Ihrem Kind reale Probleme und Aufgaben, das macht meist mehr Spaß als Aufgaben aus dem Mathebuch:

»Wie viel Zeit brauchst du für deinen Schulweg?«

»Ist die Zeitung heute dicker und schwerer als gestern?«

»Wer hat die meisten Pflaumen auf seinem Teller?«

Sie zählen und rechnen mit Ihrem Kind, wenn Sie:

- über einen gepflasterten Wegen hüpfen: »Wie viele Hüpfer bis zum nächsten Laternenpfahl?«
- eine Treppe hochsteigen: »Wie viele Stufen hat die Treppe?«
- mit dem Auto fahren: »Wenn unsere gesamte Strecke 136 Kilometer lang ist, wir schon 38 Kilometer geschafft haben, welche Strecke liegt noch vor uns?«
- über eine Brücke gehen: »Wie viele Schritte ist die Brücke lang, über die wir gerade gehen?«
- im Supermarkt einkaufen: »Wie viel Geld brauchen wir, um das zu bezahlen, was im Einkaufswagen liegt?«
- im Garten spielen: »Wie lange dauert eine Runde rund ums Haus?« Wer schätzt die Zeit? Wer stoppt sie mit einer Uhr?

Bewegung hilft beim Rechnenlernen – das haben Hirnforscher herausgefunden. Wer sich im Raum orientieren will, misst und zählt laufend:

»Wie viele Purzelbäume soll ich machen? Vorwärts oder rückwärts?«

»Wie schnell bin ich auf einer Strecke von hundert Metern?«

Ein Tipp: Ermuntern Sie Ihr Kind, beim Rechnen zu reden, denn dann fällt das Rechnen oft leichter, und falsche Wege werden damit früher erkannt.

■ Lassen Sie Ihrem Kind auch beim Rechnen viele Freiheiten. Mischen Sie sich nicht vorschnell mit guten Ratschlägen ein wie: »Das macht man so und nicht anders!« Besserwisser sind Spaßverderber. Der Lernerfolg ist oft größer, wenn Schüler Probleme selbstständig lösen.

■ Sorgen Sie für mehr Anschaulichkeit, wenn Sie mit Ihrem Kind Textaufgaben üben – etwa durch eigene Textaufgaben:

- Messen Sie zusammen das Kinderzimmer aus. Errechnen Sie die Quadratmeter. Messen Sie anschließend den Flur aus –

ist er kleiner oder größer als das Kinderzimmer?

- Spielen Sie Wetterstation, messen Sie mit einem Lineal den Wasserstand in einer Pfütze vor und nach einem Regenguss oder in einer vorher aufgestellten Plastikwanne. Vergleichen Sie die Messdaten von verschiedenen Tagen. Wie viel Regen ist mehr oder weniger gefallen?
- Berechnen Sie den Garten. Wandern Sie mit Ihrem Kind durch den Garten – jeder große Schritt zählt etwa einen Meter. Rechnen Sie aus, wie groß die Rasenfläche ist, wie lang der Weg ist.
- Wiegen Sie die Zutaten für einen Rührteig ab mit Waage und Messbecher.
- Packen Sie Rechenfragen in lustige oder spannende Geschichten von schwergewichtigen Nilpferden, die zum Wettwiegen mit Elefanten antreten, oder von witzigen Monstern, die Baumaterial für einen Hausbau kaufen wollen, oder von verrückten Flöhen, die zum Weitsprungwettbewerb antreten. Packen Sie die Aufgaben aus den langweiligen Schultexten in neue, interessantere Geschichten. Wer erfindet mehr, wer erfindet neue Aufgaben? Wichtige Utensilien für Mathematiker: Uhr, Maßband, Lineal, Waage, Messbecher.

Weitere Tipps

Auch den Umgang mit Zahlen können Sie im Alltag üben: Nennen Sie es aber nicht »üben«, sondern bitten Sie Ihr Kind um Hilfe: beim Ausrechnen von Wechselgeld, beim Abzählen der Eier, beim Abmessen des neuen Schreibtischs.

- Bieten Sie Zahlen- und Rechenspiele an, wie zum Beispiel:
- Das Autonummernspiel. Jeder sucht sich ein Auto aus und summiert die Ziffern aus dem Nummernschild. Wer die höchste Zahl hat, bekommt einen Punkt. Gewinner ist, wer nach zehn Spielrunden die meisten Punkte gesammelt hat.
- Das Rechenfingerspiel. Auf zehn selbstklebende Punkte schreiben Sie zehn Zahlen. Dann pappen Sie die Zahlenpunkte auf Ihre zehn Fingerspitzen und stellen die erste Rechenaufgabe. Auf welchem Papierpunkt ist die passende Lösung vorgegeben? Wer sie findet, darf den entsprechenden Papierpunkt »abpflücken« und auf ein Blatt Papier kleben. Wie viele Punkte sind nach zehn Spielrunden vergeben?
- Die Zahlendetektive. Wie lang ist der Küchentisch? Wie hoch der Wohnzimmertisch? Wie breit die Fensterbank in der Küche – zuerst wird in der Wohnung alles mit Zollstock oder Maßband ausgemessen. Später bekommen verschiedene Mitspieler eine Liste vorgelegt mit verschiedenen Daten. Wer die richtigen ankreuzt, ist der Gewinner.

Wecken Sie Interesse an Naturwissenschaft und Technik

Jedes Kind hat beobachtet, dass Schnecken keine Sonne mögen, und sich seine Gedanken darüber gemacht, warum das so ist. Es hat die Jahresringe an der Schnittfläche eines abgesägten Baumes gezählt, hat Ameisenstraßen bestaunt, Federn gesammelt, hat erlebt, wie aus Pulverschnee schwerer, nasser Schnee wird, und sich überlegt, warum der Drachen nicht abstürzt. Kinder sind elementare Forscher, die wissen wollen, was um sie herum vor sich geht. Es macht Freude, sich von ihrer Neugierde anstecken zu lassen, sich ihnen anzuschließen, wenn sie die Welt erforschen wollen.

■ Bieten Sie Experimentierfelder an. In Feld und Wald, auf der Wiese und im Garten findet ein Kind natürliche Forschungsstätten in Hülle und Fülle. Auch im Haus gibt es genug Möglichkeiten, Experimente zu machen: in der Küche und im Badezimmer, auf dem Balkon und vor der Haustür. Regen Sie Ihr Kind an, mit Händen, mit Sinnen und Verstand eigene Erfahrungen zu sammeln. Überlassen Sie es nicht allein dem Fernsehen, den Büchern, den Computerprogrammen, denn die unmittelbaren Erfahrungen prägen sich intensiver ein als die aus zweiter Hand. Es ist einfach eindrucksvoller, selbst zu erleben, wie schnell Eiszapfen in der Hand schmelzen, als in einem Buch darüber zu lesen. Es ist spannender, selbst zu überprüfen, wie schnell ein Gänseblümchen ohne Wasser erschlafft und wie schnell es in der Vase dann wieder aufsteht.

- Der Kräutergarten. Petersilie, Schnittlauch, Basilikum – zuerst kaufen Sie den Samen für verschiedene Kräuter, dann füllen Sie mit Ihrem Kind Töpfe mit Blumenerde und geben den Samen in die Erde. Danach werden die Töpfe ans Fenster gestellt, damit die Pflanzen Licht haben. Wenn Sie das Gießen nicht vergessen, kann man zuschauen, wie aus den Samen nach und nach Kräuter werden.

■ Beliebte Fehler: Technik, Bio, Physik? »Nicht mein Ding!«, sagen viele. »Das liegt mir nicht!« Woher diese vorschnellen Urteile? Nicht wenige Frauen delegieren das Thema »Kinder als Naturforscher« gerne an Männer. Dafür, heißt es, sind die Männer zuständig. Denn Männer wissen angeblich besser, wie eine Heizung funktioniert und der Motor im Auto oder wann Holz im Wasser schwimmt und wann es untergeht. Diese Entfremdung muss erst einmal überwunden werden.

Weitere Tipps

Ihr Kind ist neugierig, erkundet gerne, probiert gerne aus – es ist ihm ein grundlegendes Bedürfnis, hinter die Geheimnisse der Natur zu kommen. Gehen Sie auf sein Interesse ein. Befriedigen Sie seine Experimentierlust. Erzählen Sie ihm von interessanten Versuchen, die man zu Hause oder draußen in der Natur nachmachen kann. (Bleiben Sie sicherheitshalber in der Nähe, wenn mit Streichhölzern, heißem Wasser oder Messern hantiert wird.)

■ Mit Blumen experimentieren.

- Das Treibhaus. Ein kleiner grüner Zweig wird in einem Glas Wasser in die Sonne gestellt. Die Oberfläche des Wassers wird mit Öl abgedeckt. Dann wird ein großes Glas über das kleine mit dem Zweig gestülpt. Nach einer Weile sammeln sich Wassertropfen an der Glaswand. Die Lösung des Geheimnisses: Da das Öl kein Wasser durchlässt, muss das Wasser aus dem Pflanzengrün stammen – es wird durch winzige Poren im Blatt ausgeschieden.

- Der Gießautomat. Eine Topfpflanze wird auf den Boden gestellt, etwas erhöht neben dem Topf steht ein Eimer Wasser. Dann werden dicke Wollfäden auf der einen Seite ins Wasser im Eimer, auf der anderen in den Blumentopf gehängt. Das Wasser gleitet über den Wollfaden in den Blumentopf. Bekommt die Pflanze genug Wasser? Wie funktioniert der Automat? Die Wolle saugt sich voll Wasser und gibt es an die Erde ab.

- Mit der Zeit spielen.
- Die Sonnenuhr. Ein Sommerspiel. Gespielt wird auf einem Platz, der von morgens bis abends in der Sonne liegt. In festgeklopften Sand wird ein Stock gesteckt. Der Stab wirft einen Schatten. Der Schatten wandert mit der Sonne. Mit Hilfe einer Uhr wird jede volle Stunde der Schattenstand mit einem Stein markiert.

- Mit dem Wasser experimentieren.
- Eiskräfte. Eine Plastikflasche wird mit Wasser gefüllt und ins Tiefkühlfach gelegt. Wenn das Wasser gefriert, dehnt es sich so stark aus, dass es die Flasche sprengt. Wasser ist der einzige Stoff, der sich in festem Zustand ausdehnt und weniger dicht wird. Und da Eis weniger dicht als Wasser ist, schwimmt es oben. Würde Eis im Wasser sinken, würde alles Leben im Wasser absterben.
- Flaschenmusik. Mehrere Milchflaschen werden mit unterschiedlichen Mengen Wasser gefüllt und in einer Reihe nebeneinandergestellt. Dann bläst man nacheinander über die Flaschen, um die Luft darin zum Schwingen zu bringen. Welche Flasche gibt den höchsten, welche den tiefsten Ton von sich? Je weniger Luft in einer Flasche vorhanden ist, desto höher der Ton.

Regen Sie das Denken an

Schon bei ihrer Geburt haben sie eine Vorstellung von der Welt im Kopf. Kinder »wissen« bestimmte Dinge einfach von Anfang an. Im Wechselspiel mit ihren Vertrauten verfeinern und erweitern sie ihre Vorstellungen und Denkkonzepte. Sie können bald unterscheiden und entscheiden, Systeme erkennen und Systeme aufbauen, sich in andere hineinversetzen und Vorgänge analysieren, abstrakt denken und Theorien aufstellen. Wenn sie zur Schule gehen, wird das Denken oft einseitiger. Nicht wenige Schüler denken aus Gewohnheit bald in Fächern. Es geht ihnen um Sachkunde oder Mathe, um Deutsch oder Religion. Ihr Gedächtnis ordnet das erworbene Wissen in entsprechende Fächerschubladen ein. Fachübergreifende Lernprojekte sind in vielen Schulen eher selten. Zu Hause sieht die

Sache dagegen ganz anders aus. Hier können Sie der Einseitigkeit Vielseitigkeit entgegensetzen, zum Beispiel wenn der Haushalt oder die Ferien organisiert werden, wenn ein Fest vorbereitet wird – alles richtige Managementaufgaben. Die meisten der hier anfallenden Alltagsprobleme sind in der Regel komplexer, weniger eindeutig und klar umrissen als die Aufgabenstellungen im Unterricht. Man braucht eine übergreifende Sichtweise, ein ganzheitlicheres Denken, um diese Aufgaben in den Griff zu bekommen. Familienprobleme verlangen andere Kompetenzen als die in der Schule behandelten. Trainieren Sie mit Ihrem Kind die Fähigkeiten, die hier gebraucht werden. Überlegen Sie gemeinsam, wie Sie nach folgendem Muster weiterkommen:

Erster Schritt: Erkennen, dass ein Problem vorliegt.

Zweiter Schritt: Erkennen, worin das Problem besteht.

Dritter Schritt: Erkennen, welche Aspekte bei der Problemlösung wichtig oder weniger wichtig sind.

Vierter Schritt: Erkennen, welche zusätzlichen Informationen helfen, und überlegen, wie sie beschafft werden könnten.

Fünfter Schritt: Das Problem lösen.

Überlegen Sie gemeinsam, welche Fragen sich im Familienleben häufiger ergeben. Suchen Sie nach Lösungsmöglichkeiten.

■ Sorgen Sie für »intellektuelles Futter«. Oft zeigt es sich schon früh, wenn ein Kind mit der Anlage zu außergewöhnlicher Leistungsfähigkeit ausgestattet ist: Seine intellektuelle Entwicklung eilt der emotionalen und körperlichen voraus. Es lernt leicht. In Windeseile ist alles erledigt, was mit Schule zu tun hat. Es hat nicht nur ein sagenhaftes Gedächtnis, eine hervorragende Konzentrationsfähigkeit, sondern auch ein gutes logisches Denkvermögen. Eins ist gewiss: Das Denkvermögen entfaltet sich nicht von selbst. Kinder brauchen Ermutigung, Verständnis, Förderung. Deshalb sollten Sie für viele Anregungen sorgen, für Spiele und Materialien, die Ihr Kind fordern.

■ Seien Sie ein gutes Vorbild. Sprechen Sie häufig von Ihrer Neugierde, von Ihrer Wissbegierde, von Ihrer Freude an Frage- und Antwortspielen. Diese positive Grundeinstellung ermutigt Ihr Kind, sich seine eigenen Gedanken zu machen und Fragen zu stellen. Es fühlt sich verstanden und gut aufgehoben, wenn Interesse an seinen Überlegungen und Ideen besteht.

■ Fragen Sie nach, zeigen Sie Interesse an den Kinderfragen, und begnügen Sie sich nicht damit, dem Kind einfach seine Frage zu beantworten. Regen Sie es dazu an, selbst eine Lösung zu suchen oder gemeinsam mit Ihnen weiterzuüberlegen:

»Wieso kommst du auf diese Frage?«

»Was glaubst du?«

»Hast du eine bestimmte Vorstellung?«

Suchen Sie gemeinsam nach Antworten. Oft drückt das Fragen Sehnsucht nach einer Portion Zuwendung aus. Das Kind möchte ein Gespräch führen. Es möchte Kontakt haben. Gemeinsam mit anderen fantasieren oder nachdenken oder in Gesellschaft nach einer konkreten Antwort in Büchern, im Internet suchen (Seite 12). Jedenfalls erwartet es nicht, dass

Mutter oder Vater ein wandelndes Lexikon sind, das auf Knopfdruck Auskunft gibt.

- **Fördern Sie den Ideenreichtum Ihres Kindes,** bieten Sie ihm genug »Nahrung« für die Entwicklung seiner Kreativität:
- **Comic ausdenken.** Ich zeichne mir meinen eigenen Comic. Suche mir ein Thema. Denke mir Figuren aus, die meiner Fantasie entsprungen sind, und lasse sie frohgemut oder traurig, witzig oder melancholisch durch meine Geschichte laufen. Ich sage, was auf welchem Bild zu geschehen hat. Ich gebe das Tempo der Geschichte vor und die Dramaturgie. Ich bestimme in allen Einzelheiten, was geschehen soll. In selbst gemachten Comics ist alles möglich. Die verrücktesten Geschichten kann man sich ausdenken und mit dem Zeichenstift lebendig werden lassen. Ein selbst gestrickter Comic ist ein wunderbares Mittel, eigene Gedanken und Gefühle auszudrücken – ein kreatives Hochgefühl zu genießen.
- **Das Erfinderspiel.** Je mehr mitmachen, desto besser. Ein Spielleiter stellt eine Aufgabe wie:
  »Wer erfindet eine Zeitmaschine, mit deren Hilfe wir uns in die Zukunft beamen können?«
  »Wer erfindet einen Roboter, der als Zirkusakrobat auftreten kann?«
  »Wer denkt sich ein Denkmal aus, das an einen großen Erfinder erinnert?«
  Wer zeichnet seine Erfindung auf? Oder wer beschreibt sie mit Worten? Nach einer vorher vereinbarten Zeitspanne werden die einzelnen Erfindungen »bewertet« – gemeinsam angeschaut, vom Urheber erklärt und von den Mitzeichnern diskutiert.

- **Beliebte Fehler:** Kinder sind Wissenschaftler und Philosophen. Sie interessieren sich für Gott und die Welt, staunen

Manchmal ist Nachhilfeunterricht die Rettung

Klagt Ihr Kind über »Ebbe im Kopf«? Hat es öfter eine Blockade? Es fällt nicht jedem Schüler leicht, sein Wissen aus dem Kopf aufs Papier zu zaubern. Was dann? Mit Mama üben? Nicht jede Mutter, jeder Vater eignet sich zum geduldigen, verständnisvollen Hilfslehrer. Nachhilfeunterricht kann manchmal mehr bringen. Wer Nachhilfeunterricht gibt, sollte zum Schüler passen, nicht nur pädagogisch kompetent sein und über das nötige Fachwissen, sondern auch über Einfühlungsvermögen verfügen, die Lernblockaden behutsam aufspüren und Wissenslücken Stufe für Stufe auffüllen. Auch Nachhilfe ist letztlich Hilfe zur Selbsthilfe. Der Schüler muss unter Anleitung schnell lernen, sich selbst das nötige Wissen anzueignen.

über das Geschehen am Himmel und auf der Erde und stellen Fragen mit Tiefgang – Fragen, auf die Erwachsene oft keine Antwort wissen. Was tun?
Wenn sie sprachlos sind, weil sie auf manche Kinderfrage keine Antwort parat haben, tun Erwachsene Kinderfragen gerne als »Kinderkram« ab mit Bemerkungen wie:
»Das erkläre ich dir später!«
»Du bist noch viel zu jung, um das zu verstehen!«
Oder sie machen sich lustig, weil sie durch die Fragerei verunsichert sind:
»Du bist ja ein Neunmalkluger!«
»Was bist du bloß immer für ein Klugschnacker?«
Solche Zurückweisungen verletzen. Besser: zugeben, dass man keine Antwort weiß.

Weitere Tipps

Regen Sie Spiele an, die das Denken und die schnelle Reaktion trainieren, wie zum Beispiel

■ das Gänsespiel. Die Spieler sprechen die Zeilen des folgenden Gedichts immer abwechselnd. Das Spiel wird schnell und schneller. Wer sich verhaut, muss ein Pfand abgeben. Zum Schluss werden die Pfänder verlost.
Eine Gans mit zwei Beinen watschelt über den Hof. Patsch, patsch. In der nächsten Runde heißt es: Zwei Gänse mit vier Beinen watscheln über den Hof. Patsch, patsch, patsch, patsch ... Wie geht die Geschichte weiter, wer kann sie mit Tempo ohne großes Nachdenken fortsetzen?

■ Comicbilder ordnen. Sie schneiden einen Comicstreifen auseinander, mischen die Bilder und bitten Ihr Kind, sie zu ordnen. Oder Sie bieten das Ganze als Wettspiel für zwei an: Jeder bekommt einige Bilder. Wer ordnet sie am schnellsten?

■ Streichholzspiele. Ein Streichholzspiel von vielen: 16 Streichhölzer werden untereinander in vier Reihen gelegt. In der ersten Reihe liegt ein Hölzchen, in der zweiten liegen drei, in der dritten fünf, in der vierten sieben. Dann wird reihum gespielt. Jeder darf drei Hölzchen einkassieren – aber immer nur aus einer Reihe. Wer das letzte Hölzchen nimmt, hat verloren.

■ Denkspiele. Bei Kindern sehr beliebt – vielleicht erfinden Sie selbst noch weitere?
- Buchstabensalat. Einer schreibt zwölf Wörter auf, wirbelt dabei aber die Buchstaben der Wörter durcheinander. Wer findet heraus, wie die Wörter ursprünglich hießen, und schreibt sie richtig auf?
- Die beste Lösung finden. Erzählen Sie eine Geschichte. Lassen Sie Ihren Helden Abenteuer erleben. Am Ende Ihrer Erzählung steht er vor einer Herausforderung. Er muss zum Beispiel schnell zum Flughafen, um seinen Flieger noch zu erreichen, doch die S-Bahn, die ihn zum Flughafen bringen soll, verspätet sich. Oder Sie erzählen von einem verwundeten Reh, das ein Autofahrer nachts auf der Straße findet. Wie könnten die Geschichten enden? Lassen Sie Kinder im Team gemeinsam nach Lösungen suchen.

Welche Lösung ist stimmig? Welche passt nicht und warum nicht?

Befriedigen Sie den Bewegungsdrang

Sie rennen nicht mehr durch ihr Wohnviertel, springen in den Gärten nicht mehr über Hecken und Zäune, spielen nicht mehr auf der Straße Fußball, hüpfen nicht mehr auf einem Bein zum Kiosk an der Ecke: Die Experten beklagen, dass Kinder heute nicht mehr genügend in Bewegung sind. Das Leben hat sich erheblich gewandelt. Weil zu Hause Fernseher und Computer locken, weil sie viel für die Schule pauken und nebenbei noch Kurse besuchen, weil es draußen vor der Tür weniger Spiel- und Tobemöglichkeiten für sie gibt, hocken sie nachmittags in der Bude, statt sich zu bewegen, statt Muskeln, Skelett und Nervensystem zu trainieren. Weil sie sich zu wenig bewegen, leiden nicht wenige an Haltungsschäden, Übergewicht, Koordinationsschwierigkeiten, Gleichgewichtsproblemen und anderen gesundheitlichen Störungen. Deshalb appellieren Mediziner und

Jungen brauchen extra viel Bewegung

Sie rempeln und rüpeln – in der Schule mehren sich die **Klagen über Jungen.** Sie leiden zuhauf unter Konzentrationsstörungen, sind unruhig, keine großen Leser und Lerner und können leistungsmäßig **nicht mit den Mädchen mithalten,** die gut organisiert sind, teamfähig und verbal stärker und die mit ihren Freiheiten besser umgehen können. Die Knaben tun sich in den Bereichen, die heute in der Schule gefragt sind, in der Regel einfach schwerer. Häufiger als ihre weiblichen Schulkollegen geraten sie aus dem Takt und werden verhaltensauffällig.

Wer den Jungen verschafft, was sie brauchen, um mit sich und der Welt im Lot zu sein, hilft ihnen auf die Sprünge. Was brauchen sie dringend? **In erster Linie Bewegung,** eine extragroße Portion davon. Wer ihnen die Möglichkeit dazu bietet, wird überrascht sein, wie ausgeglichen solch ein langer Lulatsch ist, wenn er sich richtig ausgetobt hat **beim Fußballspielen** oder beim Joggen, beim Radeln und beim Schwimmen. Veranstalten Sie Wettläufe auf Feldwegen, ein **Querfeldeinrennen** durch den Park, Bockspringen auf der Wiese, Ringkämpfe auf dem Flur oder **Klettertouren** in den Ferien. Wenn Ihr Sohn zunächst wenig Interesse zeigt – laden Sie seine Freunde ein mitzumachen!

Sportwissenschaftler an Eltern, ihr Kind nachmittags und an den Wochenenden nach draußen zu scheuchen zum Klettern, Balancieren, Hüpfen, Rennen. Bewegung bringt dazu das Gehirn in Schwung. Wer sich nicht nur bewegt, sondern gezielt Sport treibt, kann kämpfen, sich selbst überwinden und beherrschen – er weiß, was Leistungsbereitschaft bedeutet und dass Erfolg oft ein Ergebnis von Teamarbeit, aber auch von Konzentration ist. Hier können Eltern aktiv werden und ihr Kind anregen:

- **Reißen Sie Ihr Kind mit.** Setzen Sie dem Schlappmachen und Durchhängen ganz gezielt Aktionen entgegen wie:
- »Komm mit, ich gehe joggen!«
- »Wer macht mit mir eine Radeltour mit Picknick?«
- »Ich kenne neue (Bewegungs-)Spiele. Wollen wir die am Wochenende mit deinen Freunden im Garten ausprobieren?«
- »Ich fahre an den See. Wer kommt mit zum Schwimmen?«

Weitere Tipps

Regen Sie verschiedene Bewegungsspiele an wie etwa Wettkämpfe, Mannschafts- oder Tobespiele, oder bauen Sie einfache Hindernisparcours auf.

- **Spielen Sie mit kleinen und großen Bällen.** Je schneller gespielt wird, desto intensiver das Training der Koordinationsfähigkeit, der Konzentration, der Bewegung wie etwa beim
- **Wurfball.** Der Wurfball besteht aus einem alten, langen Kniestrumpf, in dessen Spitze ein Vollgummiball gesteckt wurde. Über dem Ball wird der Strumpf verknotet. Die Wurftechnik: Den Strumpf in eine Hand nehmen, mit ausgestrecktem Arm rotieren und loslassen. Wie weit fliegt der Ball? Wer fängt ihn auf?
- **Hindernisball.** Bauen Sie einen Parcours auf, durch den der Ball möglichst schnell mit dem Fuß bugsiert werden muss: Slalomstrecke aus Steinen, Gartenbank zum Drunter-durch-Kicken, Holzklotz zum Oben-drüber-Lüpfen.

- **Probieren Sie zu Hause einfache Yogaübungen aus,** die Ihr Kind zur Ruhe bringen, aber auch seinen Bewegungsapparat trainieren.
- **Der Baum.** Eine Balanceübung, die auch die Konzentration fördert (Seite 44): Gerade stehen, Füße zusammen. Dann das rechte Bein anheben. Den rechten Fuß an die Wade des linken Beines stellen. Gleichzeitig beide Arme hochheben und hochhalten. Dann die Übung mit dem linken Fuß und dem rechten Bein wiederholen.
- **Die Welle.** Nicht nur für den Körper entspannend, sondern ebenfalls für die Konzentration gut. Auf dem Rücken am Boden liegen. Auf den Bauch ein Stofftier setzen. Die Augen schließen. Einatmen. Das Stofftier hebt sich. Ausatmen. Das Stofftier senkt sich.
- **Die Katze.** Gut für Schultern, Wirbelsäule und Genick. Auf die Knie in den Vierfüßlerstand gehen. Beim Einatmen ein Hohlkreuz machen, beim Ausatmen einen runden Katzenbuckel. Die Atemübung einige Male wiederholen.

Fördern Sie die Feinmotorik

Regen Sie Fingerspiele an. Fingerspiele – noch im Schulalter? Ja, unbedingt, denn Fingerspiele machen nicht nur Babys klüger, sie wirken sich auch bei Schulkindern positiv auf das Lernen aus – und machen Spaß. Die Hände wollen nicht ruhen, sie brauchen Bewegung. Es müssen nur die richtigen Fingerspiele, die richtigen Gymnastikübungen fürs Gehirn sein: altersgemäß und speziell auf Ihr Kind zugeschnitten.
Auch uns Erwachsenen kribbelt es schließlich in den Fingern. Wir wollen berühren, was uns interessiert. Wir wollen alles abtasten. Jeder kennt den Drang, Dinge mit den Händen zu erforschen. Ein Leben lang wollen Menschen ihre Hände benutzen. Wir greifen, halten fest, zupfen, kneten, kratzen, pulen, suchen nach neuen Aufgaben für unsere Hände und schulen mit immer neuen Fingerspielen unsere Koordinations- und Wahrnehmungsfähigkeit. Gleichzeitig tun wir etwas für unsere Sprache, weil die Steuerungszentralen für Sprach- und Fingerfertigkeit im Gehirn dicht beieinanderliegen und miteinander verknüpft sind. Außerdem fördert Fingerfertigkeit die Konzentrationsfähigkeit, die Kreativität und nicht zuletzt das Selbstbewusstsein.

■ Backen Sie zusammen Kuchen. Fabrizieren Sie keinen Rührteig, sondern einen Teig, der ordentlich geknetet und geschlagen werden muss, um so die Handmuskeln zu trainieren.

■ Fertigen Sie gemeinsam Obstsalat. Dabei geht es auch um Nahrung für den Kopf. Das Schnippeln und Schneiden ist Gymnastik fürs Gehirn.

■ Fördern Sie Ballspiele. Fangen, werfen – Ballspiele machen die Finger gelenkig.

■ Machen Sie zusammen Sand- und Matschespiele – nicht nur für Kleine ein Vergnügen, sondern auch für Große. Wer im Sommersand mit beiden Händen buddelt, Löcher gräbt, Wälle schaufelt, Burgen festklopft, tut damit auch etwas für sein Köpfchen.
Noch eins: Fingerspiele mit Ton und mit Knete, mit Matsch und mit Sand können als Blitzableiter für Schulfrust und andere Aggressionen herhalten. Wunderbar lässt sich auf einen Klumpen Knete mit den Händen eindreschen, wütend kann man darauf herumtrampeln. Therapeuten nutzen alle möglichen Materialien, die angespannten Kindern eine Möglichkeit bieten, überschüssige Energien loszuwerden.

Weitere Tipps

- Regen Sie Fingerspiele an. Selbst Schulkinder machen sie noch nach, denn Fingerspiele sind nicht nur für die Kleinen gedacht, sondern machen ebenso viel Sinn bei Großen.
- Tanzen Sie mit allen zehn Fingern nach Musik aus dem Radio. Die Bewegungen der Hände dabei bewusst wahrnehmen. Die Hände zur Faust ballen, die Finger beugen und strecken. Bewegen Sie Ihre Finger so schnell und so wendig wie beim Klavierspielen.

Beim Schreiben die Fingerfertigkeit üben

Wenn Ihr Kind schreibt, malt und zeichnet, spielen um die fünfzig Muskeln zusammen – keine einfache Übung, selbst nach jahrelangem Training noch nicht. Bei diesem Training muss gleichzeitig der Kopf mitmachen. Eine schöne Schrift – leicht nach rechts geneigt, die Buchstaben nicht zu eng, nicht zu weit, die Ober- und Unterlängen nicht zu groß – will aber mitunter einfach nicht gelingen, vor allem bei schnell hingekritzelten Schularbeiten nicht, denn dann verkrampft die Hand schnell: Ist das nun ein M oder ein W – oft schwer zu erkennen. Also Schönschrift üben? Solch eine Aktion ist Kindern meistens ein Graus: ein lästiges Muss, purer Drill. Etwas mehr Freude macht die Sache, wenn sie den Sinn und Zweck einer solchen Übung einsehen: »schöne« Einladungen schreiben oder »schöne« Texte fürs Fotoalbum.

Unleserlich wird eine Schrift oft, wenn beim Schreiben Tempo angesagt ist. Eine Übung, um das Schnellschreiben zu trainieren:

Stadt, Land, Fluss. Wer mitmacht, schreibt nebeneinander auf ein Blatt Papier: Stadt, Land, Fluss, Tier, Pflanze, Beruf, Name. Dann buchstabiert einer lautlos das Alphabet. Ein anderer ruft nach einer Weile: »Halt!« Der Buchstabe, den der erste Spieler in diesem Augenblick gedacht hat, gilt nun als Anfangsbuchstabe für die zu suchenden Wörter, die jetzt jeder in seiner Tabelle so schnell wie möglich einträgt. Wer zuerst ein Wort für jede Spalte gefunden hat, ruft: »Stopp!« Keiner darf weiterschreiben. Jetzt wird verglichen. Wörter, die in den Listen mehrmals auftauchen, werden gestrichen. Für alle Übrigen gibt es zehn Punkte. Gewinner ist, wer zuerst 100 Punkte gesammelt hat.

Für Schnellschreiber. Wer schreibt einen Satz, den Sie diktieren, am schnellsten, aber dennoch leserlich auf?

Für Schönschreiber. Lassen Sie Ihre Kinder Karten gestalten. Wer schreibt die Worte »Frohe Ostern« oder »Alles Gute zum Geburtstag« oder »Für Oma« und verziert jeden Buchstaben farbig oder mit einem schönen Muster?

Nicht vergessen: Wer schön schreiben will, braucht Schreibwerkzeug, das leicht in der Hand liegt, gutes Papier, eine bequeme Haltung, gutes Licht von links bei Rechtshändern, damit die Hand keinen Schatten wirft (bei Linkshändern umgekehrt), und viel Platz.

- **Veranstalten Sie Schattenspiele.** Die Hände können wie Vögel im Lampen- oder Sonnenlicht flattern, und ihre Schatten flattern mit. Wem gelingt es, mit den Händen einen Schatten in Form eines Hundekopfes zu erzeugen? Wer erfindet mehr Schattenspiele?
- **Schminken Sie sich gegenseitig.** Dicke Augenbrauen malen mit viel Schwarz und Weiß wie beim Clown und einen breiten roten Grinsemund zeichnen – auch beim Schminken übt Ihr Kind mehr als nur Fingerfertigkeit.

Basteln Sie zusammen als Gehirntraining

Experimentierfreudige Kinder brauchen nicht nur genug Lernräume, sondern auch genug Lernmaterial für ihre Experimente. Das heißt nicht, dass sie Spielzeug in Hülle und Fülle besitzen sollten – im Gegenteil. Von einem Wust an Sachen fühlt sich mancher bald erschlagen, legt deshalb die Hände in den Schoß und lässt das Denken und Forschen. Gutes Lernmaterial muss nicht vorgefertigt, kostspielig und vom Feinsten sein, um neugierig zu machen – ganz einfache, alltägliche Dinge tun es auch:

- **Holz, Pappe, Säge, Hammer, Nägel** – Haushaltsmaterialien wie Knöpfe und Schnüre, Bänder, Korken, Zahnstocher und alte Kugelschreiber, altes Zeug vom Speicher und aus dem Keller sind nicht selten genau das Experimentiermaterial, das einen jungen Forscher zum Weitermachen anregt.
- **Werkeln Sie zusammen.** Holen Sie Schere, Papier, Stifte und Kleber aus dem Schrank, setzen Sie sich mit Ihrem Kind an den Tisch, und basteln Sie zusammen – vor gar nicht langer Zeit noch ein selbstverständliches Familienvergnügen, inzwischen eine Rarität: die große Ausnahme von der Regel. Schade, sagen die Fachleute und weisen darauf hin, dass der Umgang mit Schere und Karton, mit Kleber und Stiften mehr als nur ein Spaß ist. Erst durch den geschickten Gebrauch seiner Hände habe sich der Mensch zu einem denkenden Wesen entwickelt, erklären die Experten. Inzwischen hat sich herumgesprochen, dass das Training der Feinmotorik Bedeutung für die geistige Entwicklung hat und dass beim Basteln und Werken besonders intensiv geübt wird (Seite 72). Damit bekommt das Basteln als wichtiger Förderbereich einen neuen Stellenwert. Ganz ohne Zutun der Eltern läuft die Chose aber nicht. Sie müssen helfend und anleitend eingreifen, ihrem Kind den Umgang mit verschiedenen Werkzeugen und Materialien zeigen.

Hier einige Ideen für den Werkstoff Papier:

- **Entdecken Sie Origami.** Die japanische Papierfaltkunst schult die Konzentration und die Feinmotorik, und sie bringt schnelle Erfolgserlebnisse. Zeigen Sie Ihrem Kind auch einfache Faltarbeiten, die Sie vielleicht noch aus Ihrer Kindheit kennen. Sind Sie sich unsicher, besorgen Sie Anleitungen aus der Buchhandlung oder der nächsten Stadtbibliothek. Origami muss nicht schwierig sein, es gibt einfache Faltanleitungen, etwa für Tiere, die schon Grundschulkinder selbstständig anfertigen können.

- **Fertigen Sie Scherenschnitte.** Es ist keine Hexerei, aus Transparentpapier dekorative Fensterbilder anzufertigen. Falten Sie ein quadratisches Blatt auf die Hälfte zusammen, und wiederholen Sie diese Faltung noch zweimal. In das entstandene mehrfach gefaltete Papier schneiden Sie nun vom Rand her kleine Löcher, Zacken, Streifen. Wird das Blatt nun auseinandergefaltet, sind überraschende, gleichmäßige Muster zu sehen, die – ans Fenster geklebt – dekorativ aussehen und jedes Kind stolz auf seine Leistung machen.

Holen Sie also Schere, Papier und Klebstoff wieder hervor, um die Sprache und das Denken, aber auch weitere Fähigkeiten Ihres Kindes in Schwung zu bringen. Was ist außer der Aktivierung des Denkens noch betroffen, was mit den weiteren Fähigkeiten gemeint?

Wer Geschick beim Basteln und Werken zeigt, verbessert nicht nur den Mehrwert für das Köpfchen, sondern übt gleichzeitig

- **Konzentrationsfähigkeit und Geduld.** Es ist nicht ganz einfach für ein lebhaftes Kind, bei der Sache zu bleiben und Stück für Stück auf bemalten Papierteilen ein einigermaßen stabiles Haus zu bauen, vor allem dann nicht, wenn Kleber an den Fingern pappt.
- **seine Sinne.** Holz fühlt sich rauer an als Stoff. Mit Wachsmalstiften bemaltes Papier ist glatter als bloße Pappe, und Seidenpapier knistert intensiver als Schreibpapier. Heute mangelt es vielen Schulkindern an elementaren sinnlichen Erfahrungen.
- **seine Erfindungsgabe.** Nicht wenige Kinder sind heute eingedeckt mit Spielzeug in Hülle und Fülle. Wer Spielzeug selbst erfindet und mit Hilfe von Hammer und Nägeln, mit Messer und Schere fabriziert, wehrt sich gegen diesen Überfluss. Eierkartons, Zahnpastatuben, Zeitungspapier – das nötige Material findet sich in jedem Haushalt. Mit einfachen Materialien und einem Schuss Fantasie kann man aus Dosen Schiffe bauen und aus Schuhkartons Parkhäuser.
- **seine Umsicht.** Wer sich beim Basteln und Werken auf den Finger haut oder in den Daumen schneidet, lernt, seine Hände überlegter zu benutzen und mit seinen Fingern zu denken.
- **seine Unabhängigkeit.** Wer bastelt und werkelt, der weiß: Ich bin, was ich machen kann. Ich kann nicht nur mein eigenes Spielzeug fabrizieren, sondern das, was ich gefertigt habe, später auch reparieren. Diese Erfahrung schafft ein Gefühl von Freiheit – gut für das Selbstbewusstsein, ein Gegengewicht zu Gefühlen von Ohnmacht und Hilflosigkeit. Bastler, die flink mit den Händen sind, entwickeln Stärke und entdecken neue, innere Kapazitäten. Sie fühlen sich unabhängiger von Konsum, üben also nicht nur für die Schule, sondern für das ganze Leben.

Was für das Basteln und Werken gilt, trifft übrigens auch fürs Handarbeiten zu: fürs Nähen und Sticken, Häkeln und Stricken, Filzen und Flechten und vieles mehr mit Nadel, Faden, Garn und Wolle.

Für ein gutes Lernklima sorgen

Wenn sein Interesse für Schule nicht das größte ist, wenn seine **Neugier versandet** und er längst nicht alles aus sich herausholt, was in ihm steckt, dann tut das zwar mancher **miserable Schüler** gerne mit lässigem Schulterzucken ab, aber seine Eltern reagieren in der Regel weit weniger gelassen. Sie zerbrechen sich den Kopf: **»Wieso klappt das Lernen nicht** so, wie wir es uns wünschen? Ist das Gymnasium mit solch einem Einsatz überhaupt zu schaffen? Wie können wir den Lernmotor wieder in Gang setzen und dafür sorgen, dass er optimal läuft? Anstöße geben, **gezielt fördern** – was können wir als Eltern noch darüber hinaus tun?«

Beobachten Sie Ihr Kind unauffällig

Weil sie es von Kopf bis Fuß genau kennen, können Eltern oft schon im Vorfeld spüren, wenn sich Probleme ankündigen, denn sie lesen im Gesicht ihres Kindes wie in einem offenen Buch. An seiner Nasenspitze sehen sie ihm an, ob es mit sich und der Welt im Reinen oder ob es bedrückt ist. Ihr intensives Interesse, ihre besondere Sensibilität und Intuition in Bezug auf das eigene Kind machen Mütter und Väter zu den besten Beobachtern der Kinder. Dieses besondere Talent kann ihnen helfen, sich ein genaueres Bild vom Entwicklungsstand ihres Sprösslings zu machen, oder von seinem Schulalltag. Aufgrund kleiner Hinweise ahnen sie in der Regel schon, dass sich Veränderungen oder Probleme anbahnen – etwa wenn sich

- ein neuer Entwicklungsschritt abzeichnet. Plötzlich schaut Ihr Kind mit anderen Augen ins Leben, irgendwie verändert – wacher als vorher.
- Angst vor der Schule ankündigt. Ein anderer Blick, mürrisches Aussehen – das Kind wirkt gestresst, geht ungern zur Schule oder kommt traurig und mies gelaunt aus der Schule nach Hause. Es verabredet sich nicht mehr mit Freunden, ist blass um die Nase, klagt über Bauch- oder Kopfweh.

Allerdings nutzen Eltern ihre besondere Sensibilität oft nicht. Es lohnt aber, das genaue Hinsehen zu üben, erste, sich gerade erst anbahnende Unsicherheiten und Fragen ernst zu nehmen, um frühzeitig gegensteuern zu können.

- **Beobachten Sie mit dem nötigen Feingefühl.** Gehen Sie diskret und behutsam vor. Beobachten Sie Ihr Kind mit neugierigem Blick und gespitzten Ohren, aber halten Sie sich möglichst unaufdringlich im Hintergrund. Welchen Eindruck macht Ihr Kind auf Sie? Angespannt, entspannt, fröhlich, eher bedrückt – welche Wirkung hat es auf Sie? Schreiben Sie Ihre Beobachtungen auf, tragen Sie alle Beobachtungen zusammen, damit Sie später auf Ihre Notizen zurückgreifen können. In der Rückschau zeichnet sich oft ein klareres Bild ab.

- **Forschen Sie nach,** worin der Grund für eine Verstimmung liegen könnte. Stellen Sie sich frühzeitig Fragen wie
»Warum legt mein Kind nicht richtig los?«
»Warum holt es nicht das aus sich heraus, was wirklich in ihm steckt?«
»Warum hält sich sein Interesse an allem Neuen stark in Grenzen?«
Überlegen Sie, ob es gravierendere Veränderungen gab. Mancher Missmut, manche Schwäche beim Lernen ist durch eine besondere Belastungen bedingt: etwa durch einen Umzug oder durch Spannungen in der Familie, die ein Kind vielleicht nicht verkraftet. Das kann aber auch eine Krankheit sein oder ein Lehrer, mit dem man nicht kann, oder Mitschüler, die einen ausgrenzen.

- **Beliebte Fehler:** Mit ihrer Ursachenforschung rücken Eltern ihrem Kind gerne dicht auf den Pelz und schätzen dabei sein Bestreben nach Selbstständigkeit zu

Motivieren und fördern Sie – aber behutsam

Von Bildungsexperten werden Eltern heute aufgefordert, ihr Kind bei seinen **Lernprozessen optimal zu unterstützen.** Denn dank dieser gezielten Förderung kann jeder Schüler seine **Potenziale ausschöpfen** und seine **Effektivität** beim Lernen erheblich **steigern.**

Wenn sich Mütter und Väter einschalten, liegt allerdings eine Gefahr darin, dass sie Schulung und Training übertreiben und glauben, ihr Kind mit Hilfe ausgeklügelter Förder- und Bildungsprogramme zu einem **Allroundtalent formen** zu müssen. Wenn aus einem Mathekünstler zusätzlich ein Malgenie und aus einem guten Sportler noch ein Deutsch-Ass werden soll, geht der elterliche Ehrgeiz manchem Kind zu weit. Es steigt aus, verweigert sich dem **Perfektionismus,** fühlt sich überfordert. In seiner Ablehnung hat es viele Pädagogen an seiner Seite, für die es absolut in Ordnung ist, wenn ein Schulkind **in manchen Bereichen glänzt, in anderen dagegen** auch einmal mäßiger abschneidet.

gering ein. Keinem ist es recht, wenn er unter Beobachtung steht. Deshalb wird ein elterlicher Prüfblick schnell als Eingriff in die eigene Autonomie und damit als Belastung empfunden – nach dem Motto: »Spüre ich diesen bestimmten fragenden Blick im Nacken, bekomme ich zu viel!« Gerade wenn es um Schulangelegenheiten, um ein so heikles Thema wie das Lernen oder um die kleinen Schulgeheimnisse geht, die man gerne wahren möchte, ist jeder Schüler darauf aus, seine Eltern möglichst auf Abstand zu halten. Er schätzt ihre Einmischung nicht unbedingt,

- ihre unausgesprochenen Fragen wie: »Lernst du auch wirklich, oder bist du mit deinen Gedanken eigentlich ganz woanders?«
- ihre prüfenden Augen, die signalisieren: »Du lernst heute aber ziemlich langsam! Bist du immer noch nicht weitergekommen?«

Wer sich durch fragende Blicke und prüfende Augen verfolgt und kontrolliert fühlt, entzieht sich der Beobachtung und macht dicht. Deshalb sind hier Behutsamkeit und Einfühlungsvermögen angesagt.

Zeigen Sie Interesse an der Schule

Die Schule, die Ihr Kind besucht, erscheint manchen Eltern als riesiger Moloch: permanenter Lärm, dauerndes Chaos, große Klassen, schwierige Schüler. Dazu kommen die Lehrer, die im anstrengenden Schulalltag ihr Engagement, ihre Überzeugungskraft, ihren Schwung längst verloren haben, und damit auch die Kontrolle über den wilden Haufen, mit dem sie täglich kämpfen müssen. Glaubt man Kindern und Jugendlichen, fühlen sich viele Lehrer kaum noch in der Lage, ihre Schüler angemessen zu fördern, klagen sie vor allem über die miesen Schulverhältnisse und die desinteressierten Schüler. Wie reagiert Ihr Kind auf den Schulbetrieb? Wie wirkt es auf Sie, wenn es morgens zur Schule geht, und wie, wenn es mittags oder abends aus der Schule nach Hause kommt? Wie ist der Kontakt zu seinen Mitschülern? Hat es Freunde in seiner Klasse?

- Animieren Sie Ihr Kind zum Erzählen.

Bringen Sie zum Ausdruck, dass Sie an seinen Schulerlebnissen und -erfahrungen interessiert sind – nicht nur an den großen Ereignissen, sondern gerade an den kleineren, den ganz alltäglichen. Leider ist längst nicht jedes Schulkind ein begeisterter Erzähler. Manch eines muss erst vorsichtig zum Reden ermuntert werden. Doch wie bringt man ein Kind zum Reden, das nicht erzählen mag?

- Geben Sie ein gutes Erzählvorbild ab. Ihr Beispiel zählt. Berichten Sie aus Ihrem Alltag. Bringen Sie eigene Schulerfahrungen ins Spiel: »Bei uns damals …!« Aber rücken Sie Ihrem Kind nicht ständig mit alten Geschichten auf den Leib, sonst verpufft ihre Wirkung schnell. Die meisten Kinder freuen sich, wenn Eltern ab und zu eigene Erlebnisse zum Besten geben. Das schafft eine vertraute Atmosphäre, macht gute Stimmung. Versuchen Sie,

Stellen Sie Fragen – aber bitte die richtigen!

Fragen will gelernt sein. Auf falsche Fragen reagieren Kinder eher gereizt. Zeigen Mutter und Vater zu intensives Interesse, erfahren sie sicherlich eine Abfuhr. Wenn Eltern nachfragen, mögen sie bitte die richtigen Worte finden. Einige Tipps zum richtigen Fragen:

»Wie war's denn heute in der Schule?« – eine bei Erwachsenen beliebte Frage, die einerseits interessiert, andererseits aber nicht zu indiskret klingt. Bei den Befragten ist sie dagegen ziemlich unbeliebt: nicht gerade einfühlsam, viel zu allgemein, nur eine Floskel.

»Soll ich deinen Aufsatz noch einmal lesen?« – ist gut gemeint, aber aus Schülersicht auch nicht unbedingt das Wahre. Denn diese Frage wird schnell als versteckter Versuch gewertet, den Stand des Wissens und Könnens zu überprüfen.

»Wie hast du eigentlich beim Rechentest abgeschnitten?« Was nach echtem Interesse klingt, wird von einem Kind oft als zusätzlicher Leistungsdruck empfunden, nach dem Motto: »Klar, dass ich bestens abschneiden soll. Und wehe, wenn nicht!«

»Nun erzähl schon: Wie war der Vorlesewettbewerb?« Haken Eltern bohrend nach, insistieren sie – »Nun mach schon! Nun komm schon!« –, verschlägt das manchem Kind die Sprache, und es verstummt ganz, genervt von der Nachfragerei.

Wie sollte man es besser machen?

Sprechen Sie über die ganz normalen Schulerlebnisse, die alltäglichen Schulerfahrungen, Schulinhalte, und fragen Sie nicht nur nach Leistungen, Zensuren und anderen Erfolgen oder auch Misserfolgen. Fragen Sie nach dem Unterricht: »Habt ihr in Mathe schon das nächste Kapitel begonnen?« Nicht nur Hauptfächer sollten für Eltern von Interesse sein, sondern gerade auch Nebenfächer wie Kunst oder Musik.

Fragen Sie nach den Pausenerlebnissen: »Haben die Jungen wieder Fußball gespielt?« oder: »Warum wollen die Mädchen unter sich bleiben und nicht bei den Jungen mitmachen?«

Jedes Kind freut sich, wenn die Eltern Anteil an seinem Leben nehmen. Und die Schule ist nun einmal ein wichtiger Lebensschwerpunkt.

beim Erzählen ehrlich zu bleiben. Oder erzählen Sie von Ihren Erfahrungen im Berufsalltag – die sind in vielem ja gar nicht so anders als Schulerfahrungen.

- **Machen Sie deutlich, dass Schule wichtig ist.** Engagieren Sie sich in der Schule. Identifikation mit der Schule gelingt eher, wenn Sie sich dort ebenfalls ab und zu zeigen. Bemühen Sie sich um einen größeren Einblick. Besuchen Sie die Elternabende. Arbeiten Sie eventuell in der Schule mit: bei der Weihnachtsfeier oder beim Sommerfest. So gewinnen Sie nicht nur einen guten Einblick, sondern machen Ihrem Kind ganz nebenbei ohne ein einziges Wort der Erklärung deutlich: »Es lohnt sich, etwas für die Schule zu tun. Ich mache es auch, denn die Sache ist wirklich ein größeres Engagement wert!«

- **Versuchen Sie das Positive an der Schule zuerst zu sehen** und anzusprechen. Schon um Ihr Kind in seiner Unlust am Lernen nicht zu bestärken, sollten Sie nicht vorschnell in das allgemeine Klagelied einstimmen, nicht den Lehrern den Schwarzen Peter an unserer oft beklagten Schul- und Bildungsmisere zuschieben.

- **Weichen Sie Fronten auf.** Manche Lehrer stöhnen auf, wenn Eltern sehr selbstbewusst in der Schule mit Forderungen auftreten, und wehren schnell ab. Lassen Sie sich nicht beirren, wenn Sie ein berechtigtes Anliegen haben. Bleiben Sie möglichst sachlich, ruhig und gelassen – auch, wenn Sie in der Schule zum Beispiel zu hören bekommen, dass Ihr Kind Schwierigkeiten hat. Es ist nicht das einzige Schulkind mit Problemen. Immer mehr Schüler leiden an Konzentrationsstörungen, Sprachdefiziten und anderen Auffälligkeiten. Seien Sie möglichst offen für Kritik. Signalisieren Sie bei Streitgesprächen mit Lehrern vor allem Kompromissbereitschaft, und suchen Sie gemeinsam nach Lösungen: »An welchem Punkt haben wir eine gemeinsame Ebene? Wie können wir zusammenarbeiten, wie die Neugierde und den Wissensdurst der Kinder verstärken, wie einen Lernverweigerer wieder für das Lernen begeistern?«
Es ist immer einen Versuch wert, gemeinsam nach Strategien zu suchen. Halten Sie engen Kontakt zur Schule – nicht nur, wenn es um Noten geht, sondern um den Stand Ihres Kindes, seine emotionale, soziale und kognitive Entwicklung. Richten Sie den Blick nicht nur oder zuerst auf Ihr Kind und seine Leistungen, sondern sammeln Sie Informationen über das gesamte schulische Umfeld. Welche Rolle übernimmt mein Kind in der Klasse (ist es Clown, Störenfried, Cliquen-Anführer, Außenseiter, oder bringt es die Klasse weiter)?
Ziehen Eltern und Lehrer an einem Strang, gibt das den Schülern eine klare, einheitliche Linie vor. Die Kinder sollten nicht den Eindruck gewinnen, dass Eltern und Lehrer sich gegen sie verbünden. Signalisieren Sie Ihrem Kind: Die Familie steht hinter dir.

- **Beliebte Fehler:** Wenn zu Hause das Thema Schule im Gespräch ist, geht mancher Erziehungsberechtigte nicht auf das Kind ein, sondern nutzt die Gelegenheit zur Selbstdarstellung:

»Was ich auf die Beine gestellt habe während meiner Schulzeit, das war schon ungewöhnlich …!«
Neben Angebergeschichten sind auch Beschönigungen wenig eindrucksvoll:
»Ich hatte zwar nicht so tolle Zensuren in der Schule, aber das war ja auch kein Wunder, weil …!«
Solche Schilderungen bewirken eher das Gegenteil. Sie bringen ein Kind bestimmt nicht dazu, sein Herz zu öffnen und von eigenen Erlebnissen zu berichten.
Der Übertritt auf eine weiterführende Schule ist ein Reizthema in vielen Familien. Sobald es um die Empfehlung durch die Schule und die Einstufung geht, üben Eltern auf ihren Sprössling gerne übermäßigen Druck aus. Die Sorge, die den Erwachsenen zu schaffen macht, überträgt sich gerne auf den Übertrittskandidaten, der darauf oft irritiert und angespannt reagiert. Diese Verunsicherung der Schüler erleben die Lehrer in der Schule hautnah mit. Von ihren Schülern bekommen sie Bitten zu hören wie:
»Ich brauche unbedingt eine Zwei, sonst ist mein Papa sauer!«
»Bitte geben Sie mir ein gutes Zeugnis! Wenn ich nicht aufs Gymnasium darf, sind meine Eltern enttäuscht von mir.«

Wie Sie mit Lehrern ins Gespräch kommen

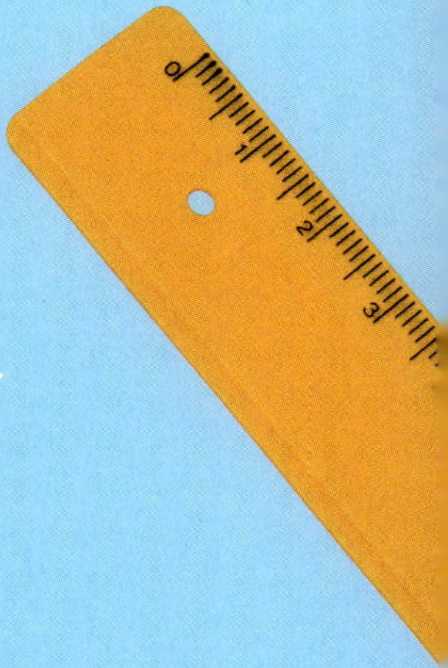

Einige Tipps für ein erfolgreiches Eltern-Lehrer-Gespräch:

Bereiten Sie sich auf das Gespräch **gedanklich vor.**

Stellen Sie **Ihre Meinung** möglichst kurz dar, sachlich und unaufgeregt.

Bringen Sie auch die **positiven Schulerlebnisse** zur Sprache, nicht nur die negativen.

Hören Sie **geduldig** zu, insbesondere, wenn der Lehrer seine Sicht eines Problems erläutert, das Sie womöglich nur aus der Sicht Ihres Kindes kennen.

Vermeiden Sie einen Machtkampf oder Schuldzuweisungen.

Sprechen Sie nicht nur über die Leistungen des Kindes, sondern über sein Leben, seine Interessen außerhalb der Schule, seine Familie.

Richten Sie den Blick **nicht nur auf das eigene Kind** und seine Leistungen, sondern sammeln Sie Informationen über das gesamte schulische Umfeld. Wie ist das Klima in der Schule? In der Klasse?

Die pure Angst, den Erwartungen von Mutter und Vater nicht gerecht zu werden, ihre Liebe zu verspielen oder gar bestraft zu werden, ist hier spürbar und bringt ein Kind dazu, seinen Lehrer mit ins Boot zu holen. In einem Moment, da Zuspruch und Zärtlichkeit, Verständnis und Hilfe besonders gebraucht werden, wenden sich nicht wenige Eltern empört ab, wie viele Lehrer klagen. Funktioniert der Sohn, die Tochter nicht so perfekt, wie sie sich das vorgestellt haben, sind viele nur noch wütend und enttäuscht. Halten sie in Krisenmomenten nicht zu ihm, sondern sprechen von Strafe und enttäuschten Gefühlen, entsteht für das betroffene Kind ein Riesenproblem. Es fühlt sich verraten und verkauft – einfach nur allein gelassen. Von Angst und Sorgen belastet, nehmen die Lernprobleme noch zu.

Etliche Eltern gehen voreingenommen an die Schule heran, von Anfang an ziemlich verkrampft:

- **Sie reagieren betont gleichgültig** auf alles, was mit Schule zu tun hat, und tun das ab:
  »Das ist dein Ding. Verschon mich damit. Ich bin froh, dass ich nicht mehr zur Schule gehen muss!«
- **Sie tun sehr lässig:** »Alles halb so schlimm. Hausaufgaben hakt man schnell ab. Geht doch alles mit links!«
- **Sie sind voller Unverständnis** für die Schulbelange oder die Schwierigkeiten der Lehrer.

Aus Angst vor dem Erfolgsdruck in der Schule kompensieren Eltern gerne – oft sogar unbemerkt vom Lehrer – zu Hause die Defizite ihres Sprösslings, dem das wahrscheinlich gefällt: Mami kümmert sich um das Deutschreferat, Papa verbessert den Englischaufsatz. Wird das zur Gewohnheit, erpresst mancher Lernmuffel seine heimlichen Helfer mit Tränen oder Wutausbrüchen und bringt sie so dazu, immer wieder als Hilfslehrer einzuspringen.
Elterlicher Übereifer kann sich auch noch auf andere Weise zeigen: Manche Mutter steht in der Schule unablässig als Lesemutter, Festevorbereiterin, Geldeinsammlerin parat – allwissend, immer reizend und immer hilfsbereit. Wer alles weiß, vielleicht sogar noch besser weiß als Schüler und Lehrer, wer ständig durch das Schulgebäude schwirrt, hier helfend eingreifend und dort Unterstützung anbietend, nervt mit so viel Supereinsatz. Übereifrige Helfeeltern werden von vielen Kindern eher als Peinlichkeit denn als Bereicherung empfunden. Sie richten mehr Schaden an als Gewinn.
Auch hier müssen Eltern wieder einen Drahtseilakt vollbringen: Engagement für die Schule ja, aber nicht zu intensiv Einsatz zeigen – die Kunst besteht darin, den richtigen Mittelweg zu finden.

Mancher Erwachsene neigt dazu, die Schule in Bausch und Bogen zu verdammen. Kein Wunder, dass sich missmutige Schulkinder diesem Urteil gern anschließen. Ein weiteres Übel, das die Lust am Lernen erheblich dämpfen kann: Alle Betroffenen sind sich einig: Die Lehrer haben Schuld. Sie sind verantwortlich für miese Leistungen und miese Stimmung. Und das bedeutet für ein Kind:

Schulstress und was Ihr Kind dagegen tun kann

Schule sei stressig, sagen Kinder und Eltern heute unisono: jede Menge Hausaufgaben, jede Menge Notendruck. »Stress macht krank«, ist die landläufige Meinung. Doch so generell stimmt das nicht. Es kommt auf die Art der Belastung an.

Ein Beispiel: Eine Klassenarbeit, ein Aufsatz ist fällig. Der Schüler liest das erste Thema und erschrickt fürchterlich: Keine Ahnung, was mit dieser Aufgabenstellung gemeint sein könnte. Die Folge seiner Aufregung: Sein Gehirn schüttet Stresshormone aus. Gleich danach überfliegt er das zweite Thema und entspannt sich: Damit kann er etwas anfangen. Das innere Lämpchen schaltet auf »Grün«, und das heißt: Entspannung. Alles wieder unter Kontrolle. Der Stress gibt sich.

Bleibt dagegen der Stress, weil er mit keinem Thema etwas anfangen kann und der Schüler vom Misserfolg allen Bemühens überzeugt ist, dann bleibt ihm die Aufregung. Immer wieder kreisen seine Gedanken um den vermeintlich verpatzten Aufsatz. Das innere Lämpchen zeigt weiter auf »Rot«: Keine Entspannung in Sicht.

Schulstress macht einem Kind dann zu schaffen, wenn ein Dauerprogramm daraus wird – Nadelstiche, die permanent pieksen. Was tun, wenn der Stress ausufert?

Gegenhalten. Angst und Druck müssen verringert werden, denn anhaltender Druck bringt die Funktionen des Gehirns so durcheinander, dass Neues nicht gespeichert wird und Gelerntes nicht abgerufen werden kann. Dadurch kann ein Blackout entstehen: Die Matheformeln, die man vor zwei Stunden noch im Kopf hatte, sind plötzlich wie weggefegt.

Vom Stress nicht überrollen lassen. Der Aufregung nicht nachgeben, sondern gegenhalten und fest daran glauben, dass sich die Anspannung bald legen wird – oft eine Frage unserer Haltung. Humor, Optimismus, Lässigkeit – das sind die Faktoren, die dabei helfen, Gelassenheit zu entwickeln. Allein das Bemühen um Gelassenheit und der Glaube an die Möglichkeit, Einfluss zu nehmen, mindern den Stress schon. An diesem Punkt sind die Eltern als Vorbilder gefragt. Wenn sie Optimismus versprühen, einigermaßen gelassen bleiben, auch wenn sie unter Strom stehen, kann sich ihr Kind eine Scheibe von ihrer Haltung abschneiden. Es lernt so, seinen Schulstress besser zu bewältigen.

»Meine schlechte Note in Deutsch liegt daran, dass mein Deutschlehrer keinen guten Unterricht macht! Ich selbst bin an der Note ziemlich unschuldig!«
»Meine schlechte Note im Mathetest hat damit zu tun, das ich nicht wusste, was wir lernen sollten. Der Lehrer hat nicht deutlich gesagt, welcher Stoff abgefragt wird!«
Dividieren sich Schüler, Eltern und Lehrer auseinander, sind sie sich höchstens im Jammern über schlechte Lern- und Schulbedingungen einig. Schüler fühlen sich in ihrer Unlust oder ihrer Abneigung gegen Schule und Lernen bestätigt: »Die sagen ja selbst, dass die Schule Mist ist!«
»Ich muss nix ändern, die anderen haben Schuld an dem, was mir geschieht!«

Lernen Sie die Schulfreunde kennen

Die Gruppe ist in Ordnung – Eltern reagieren erleichtert, wenn die Schulfreunde ihres Kindes einen guten Eindruck auf sie machen, denn sie wissen, wie wichtig zuverlässige Freunde sind. In seinem Freundeskreis lernt ein Kind, sich auseinanderzusetzen, zu behaupten, sich an andere anzupassen. Die Zuversicht der Erwachsenen erfährt allerdings einen Dämpfer, wenn die Freunde unisono nicht viel von der Schule halten, vom Lernen schon gar nichts. Gute Leistungen gelten bei Schülern leicht als uncool, bei Jungen eher als bei Mädchen. Vor allem in der Vorpubertät und der Pubertät. Wer Freude am Lernen hat, wird auch heute noch gerne als »Schleimer« abgestempelt oder als »Streber«. Deshalb schöpft längst nicht jeder Schüler seine Potenziale aus, sondern macht sich in der Schule oft kleiner, als er ist. Was tun?

- **Signalisieren Sie Gesprächsbereitschaft.** Sprechen Sie die positiven Seiten einer Gruppenzugehörigkeit an, sparen Sie aber die negativen nicht aus. Diskussionen schärfen das Urteilsvermögen. Wer die Chance hat, sich zu Hause auseinanderzusetzen, ist eher bereit, den Einfluss der Freunde und die Standards der Gruppe kritisch zu hinterfragen. Eine Möglichkeit, über das Thema ins Gespräch zu kommen, ist, von eigenen Erfahrungen zu berichten.

- **Ermutigen Sie Ihr Kind,** sich in der Schule so zu geben, wie es wirklich ist. Wer einfach gut in der Schule ist, sollte schlicht zu sich und seinen Talenten stehen und sich nicht darum kümmern, was andere dazu sagen. Wer nicht so gute Leistungen vorzuweisen hat, sollte ebenso cool dazu stehen. Keine einfache Übung, denn die Meinung ihrer Mitschüler ist Kindern und Jugendlichen erfahrungsgemäß immens wichtig.

- **Sprechen Sie mit dem Klassenlehrer,** wenn sich Gruppenprobleme in der Klasse abzeichnen – aber nur, wenn Ihr Kind mit der Unterredung einverstanden ist.

- **Laden Sie die Freunde nach Hause ein.** Ermutigen Sie Ihren Nachwuchs, im Team zu arbeiten. Zu zweit, zu dritt kann man zum Beispiel: neue Ideen für ein

Referat sammeln und strukturieren, sich an unbekannte Gebiete herantasten, den Lernstoff gliedern, Stoff wiederholen, Texte besprechen und bewerten.
Fördern Sie die Zusammenarbeit, indem Sie zu Hause gute Arbeitsbedingungen für die kleine Crew anbieten: einen Schreib- oder Esstisch, der ausreichend Platz bietet, und eine ungestörte Arbeitsatmosphäre. Natürlich kann es eine Weile dauern, bis sich die Teamarbeit eingespielt hat. Und natürlich wird zwischendurch auch mal Blödsinn gemacht. Das stört die Arbeitsatmosphäre aber nicht unbedingt. Teamarbeit bringt Vielseitigkeit und Abwechslung in den Arbeitsalltag.
Übrigens arbeiten nicht nur Freunde gut zusammen, auch weniger bekannte Mitschüler machen vielleicht gerne mit. Wichtig sind

- das gemeinsame Lernziel,
- ein annähernd gleiches Leistungsniveau
- und ähnliche Erwartungen an die Arbeit der Lerngruppe.

Viele Schüler arbeiten übrigens in gleichgeschlechtlichen Gruppen besser.

■ **Regen Sie gemeinsame Unternehmungen an,** wie etwa einen Ausflug in eine Bibliothek oder ein Museum, eine Firma oder einen Zoo (Seite 43).

■ **Knüpfen Sie Kontakte zu anderen Eltern.** Nur im Erfahrungsaustausch bekommen Sie heraus, ob die anderen Kinder mit ihrem Lernpensum fertigwerden.

■ **Führen Sie darüber hinaus auch in der Familie mehr Teamarbeit ein:** beim Tischdecken, beim Ein- und Ausräumen der Spülmaschine und vielen anderen Gelegenheiten. Auch das sind geeignete Übungen in Teamwork.

■ **Beliebte Fehler:** Eltern loben die Mitschüler oder Freunde ihres Kindes gerne über den grünen Klee und stellen sie als großes Vorbild dar:
»Der hat keine Schwierigkeiten, sein Pensum zu lernen!«
»Die geht gerne zur Schule und will gute Leistungen bringen!«
Oder umgekehrt: Sie werten die Freunde mit abfälligen Bemerkungen ab: »Ist ja klar, dass die dich vom Lernen abhält!«
Lassen Sie es besser sein, Mitschüler vor Ihrem Kind zu bewerten.
Viele Mütter und Väter stacheln das Konkurrenzdenken an. Weil wir in einer Leistungsgesellschaft leben, animieren sie ihren Nachwuchs schon zu Grundschulzeiten, seine Mitschüler, die »Konkurrenz«, scharf im Auge zu behalten. Erkundigen sie sich zum Beispiel nach dem Lernerfolg ihres Sprösslings, zeigt sich ihre Sorge deutlich durch Bemerkungen wie:
»Wie hat denn deine Freundin Anna bei der Mathearbeit abgeschnitten – besser oder schlechter als du?«
»An welcher Stelle des Klassenspiegels stehst du – bist du auf- oder abgestiegen?«
Oft sind die Erwachsenen davon überzeugt, dass Konkurrenzdenken und Wettbewerb zu besseren Leistungen anspornen. Irrtum, sagt der Hirnforscher Gerald Hüther und weist darauf hin, dass Konkurrenzdenken den Blickwinkel verengen kann: Ich schaue in meiner Arbeit zuerst auf meine Rivalen, messe mich an

ihrem Machen und Tun, spezialisiere mich mehr und mehr, um die Konkurrenz auszuschalten. Dabei verliere ich meinen eigenen Ansatz, meine Kreativität – all meine ganz speziellen Fähigkeiten – leicht aus den Augen. Das Lernen und Forschen ist aber vor allem dann spannend, wenn ich nicht gegen einen anderen antrete und dabei immer in meiner eingetretenen Spur bleibe, sondern wenn ich gemeinsam mit anderen versuche, hinter die Geheimnisse der Welt zu kommen – ganz egal, ob in der Schule oder im Beruf. Immer dann, wenn sich zwei oder mehrere zusammentun, wenn sie ihre oft ganz unterschiedlichen Gedanken und Erfahrungen einbringen, haben sie nicht nur mehr Spaß, sondern kommen in ihrem Denken und Tun auch weiter. Unterstützen Sie Ihr Kind auf diesem Weg.

Tugenden, die das Schulleben erleichtern

Wer sich nicht an die **Regeln hält, die in der Schule gelten,** eckt an – bei den Lehrern und nicht selten auch bei den Mitschülern. Wer Stress in der Schule hat, kann nicht entspannt lernen. Helfen Sie Ihrem Kind, Stress zu vermeiden, indem es die sozialen Spielregeln beachtet:

Pünktlichkeit wird in der Schule großgeschrieben. Gehen Sie deshalb nicht zu lässig damit um. Sprechen Sie mit Ihrem Kind über den Sinn der Sache, erklären Sie, warum Pünktlichkeit ein Ausdruck von **Achtung vor den anderen** ist und warum Zuverlässigkeit im Zusammenleben wichtig ist. Legen Sie auch zu Hause Wert auf Pünktlichkeit. Üben Sie Pünktlichkeit ein. Treffen Sie mit Ihrem Kind Verabredungen, und achten Sie darauf, dass **Verabredungen eingehalten** werden, und zwar von allen Familienmitgliedern.

Höflichkeit. Höflichkeit erleichtert das Leben – auch in der Schule. Es macht einfach bessere Laune, wenn mir die **Tür aufgehalten** und nicht vor den Kopf geknallt wird oder wenn ich **freundlich gegrüßt** und nicht nur muffelig angeguckt werde. Erklären Sie Ihrem Kind den Sinn von Höflichkeit. Diskutieren Sie, welche Regeln in unsere Zeit passen und welche sich vielleicht überlebt haben. Achten Sie auch in der Familie auf **gute Umgangsformen.**

Die wirkungsvollste Methode, das soziale Verhalten eines Kindes zu fördern, ist ein **gutes Vorbild.** Für Kinder ist das Verhalten ihrer Eltern in der Regel der Maßstab, der Geltung hat.

Sie sind das Vorbild Ihres Kindes

»Wenn dieser Halunke doch ein bisschen fleißiger oder das Fräulein nur etwas interessierter und eifriger in puncto Lernen wäre!« – gibt es Anlass zur Sorge, sollten Eltern nicht nur ihren Nachwuchs ins Gebet nehmen, sondern vor allem sich selbst befragen: »Wie sieht es mit meiner Lernbereitschaft aus? Arbeite ich gerne im Team, oder bin ich eher ein Einzelgänger? Bin ich begierig, Neues zu lernen, oder eher bequem?« Die Antworten helfen Eltern, ihre Rolle zu überdenken, denn – ob sie wollen oder nicht – sie sind immer das Vorbild für ihr Kind, dem es bewusst oder unbewusst nacheifert – auch in seiner Einstellung zum Lernen.

- **Versuchen Sie Freude am Lernen und Üben vorzuleben** – bei Ihrem Pflichtprogramm, aber auch in der Freizeit. Mütter und Väter, die ihr Kind mögen, an seinem Wohl und Wehe liebevoll interessiert sind, sich ihm aufmerksam und zuverlässig zuwenden, werden als Vorbild verinnerlicht, sagen die Fachleute. Prägend wirkt auch, wenn Eltern wissbegierig und neugierig sind, immer wieder neue Fragen stellen:
»Wie konstruiert man eine Kieselstein-Waschanlage?«
»Wie könnte eine Waage für einen Elefanten funktionieren?«
»Wie bringe ich meine Meinung so pointiert vor, dass andere zuhören?«
Wer lernen will, braucht Erwachsene als Vorbild, die Probleme aufgreifen und lösen wollen. Zeigen Eltern ein breit gefächertes Interesse am Leben, sind sie offen für neue Erfahrungen, neugierig auf andere Menschen und ihre Erlebnisse, dann wird sich ihr Kind an ihrem Handeln und Denken, an ihrer Wissbegierde und ihrem Einsatz orientieren – leider kein Kurzzeit-, sondern eher ein Langzeitprogramm.

- **Teilen Sie sich mit.** Sprechen Sie häufig mit Ihrem Kind über Ihre Empfindungen, Ihre Gedanken, aber nicht ständig, sonst verliert es das Interesse an Ihren Erzählungen schnell.

- **Zeigen Sie Geduld.** Wenn der Staubsauger nicht mehr saugt – nehmen Sie ihn auseinander und suchen nach der Ursache, oder werfen Sie ihn weg und kaufen einen neuen? Wenn die Spülmaschine nicht mehr spült – studieren Sie dann in Ruhe die Gebrauchsanweisung, um den Fehler zu finden, oder rufen Sie sofort laut schimpfend den Kundendienst an? Ihr Verhalten in alltäglichen Situationen hat Vorbildfunktion für Ihr Kind: Es wird genau wie Sie entweder mit Ruhe, Gelassenheit und Geduld versuchen, selbstständig Problemen auf den Grund zu gehen – oder ohne großes Überlegen die Flinte ins Korn werfen und um Hilfe rufen.

- **Strahlen Sie Optimismus aus – auch das färbt ab.** Wer grundsätzlich eine positive Einstellung hat, wer gerne auf Menschen zugeht, neue, vielleicht auch anspruchsvolle Aufgaben anpackt, vermittelt seinem Kind: »Auch mit Schwierigkeiten kann man fertigwerden!«

Mit ihrem Kind werden auch seine Eltern klüger

Fragen, Fragen und noch einmal Fragen – sie sind der Schlüssel zum Lernen. Ein lernbegieriges Kind stellt unterschiedliche Fragen:

Sinnfragen wie

»Warum gehen Leute in die Kirche?«

»Warum müssen wir Steuern bezahlen?«

Verständnisfragen wie

»Warum erwärmt sich das Klima?«

»Warum sollen wir den Müll sortieren?«

Bestärken Sie Ihr Kind darin, viele Fragen zu stellen (auch wenn es zugegebenermaßen anstrengend und mühsam ist, jede einzelne Frage zu beantworten). Tun Sie die Fragen nicht ab mit einem

»Ich weiß nicht!«

»Warte mal ... mir fällt es gerade nicht ein!«

Suchen Sie gemeinsam mit dem Fragensteller nach Antworten: im Internet oder im Lexikon zum Beispiel, fragen Sie einen Fachmann, oder suchen Sie ein geeignetes Buch in der Bibliothek. Nicht nur Ihr Kind, auch Sie profitieren davon, denn: Auch die Großen lernen so noch dazu.

Nehmen Sie Ihre Erwartungen unter die Lupe

Eine typische Familiensituation: Wochenende, das Kind lümmelt seit Stunden auf dem Bett und blättert in Zeitschriften. Kein Gedanke an Schulbücher und Schulaufgaben. Mancher Erwachsene wird bei diesem Bild kribbelig, weil ihm nicht aus dem Kopf gehen will, dass man Sinnvolleres tun könnte, als den halben Tag lang in Zeitschriften zu blättern. Gut, wenn Eltern sich in solch einer Situation gerade noch rechtzeitig daran erinnern, wie gerne sie früher einfach durch den Tag getrödelt sind, um neue Energien zu tanken. Daraufhin fällt es vielleicht leichter, das Kind in Ruhe zu lassen. Was können Sie außerdem tun?

■ **Gehen Sie auf Distanz, überprüfen Sie Ihr eigenes Verhalten.**
Motiviere oder demotiviere ich? Eltern ist meistens klar, dass sie einen großen Einfluss auf die Entwicklung ihres Kindes haben. Oft wissen sie aber nicht, worin dieser Einfluss eigentlich im Detail besteht. Eine Möglichkeit, das herauszufinden, ist: Selbstbetrachtungen anstellen, Selbstkritik üben, innerlich auf Abstand zur eigenen Person gehen und sich in einem Gedankenspiel fragen:
»Wie verhalte ich mich, wenn es um das Thema Hausaufgaben oder Zensuren geht? Bin ich wirklich ausreichend interessiert an der schulischen Entwicklung meines Kindes?«
»Ermuntere ich mein Kind zum Lernen, oder bremse ich es eher, weil ich Druck mache, zu hohe Ansprüche stelle?«
»Spiele ich zu Hause gerne den Bestimmer? Weiß ich meistens ziemlich genau, wo es langgeht – vor allem dann, wenn es um das Thema Schule, Hausaufgaben, Lehrstoff geht? Komme ich meinem Kind mit dem erhobenen Zeigefinger und Besserwisserei?«
»Oder kümmere ich mich zu wenig um mein Kind? Bin ich zu ungeduldig? Bin ich zu nachlässig in Schuldingen?«
Wer diese Fragen ehrlich beantwortet, merkt plötzlich:
»Ich sollte mehr loslassen, denn ich mische mich in die Schulangelegenheiten meines Kindes viel zu stark ein. Ich übernehme Verantwortung, wo ich sie gar nicht mehr habe, sondern sie längst meinem Kind überlassen könnte!«
Im umgekehrten Fall kann das Ergebnis der Selbstbetrachtung heißen:
»Ich sollte mehr Einsatz zeigen, frage viel zu selten nach der Schule, nach Schulaufgaben und dem Lernen. Wahrscheinlich nehme ich mir einfach zu wenig Zeit für mein Kind!«
»Welche Auswirkungen haben meine Vorstellungen auf die Entwicklung meines Kindes?«
Machen Sie sich immer wieder bewusst, wie schmal die Grenze zwischen Fördern, Fordern und Überforderung ist. Verändert sich als Folge von Selbstkritik die eigene Sichtweise, verändert sich meistens auch das eigene Verhalten. Damit tritt manche Schwierigkeit gar nicht erst auf, oder sie gibt sich wieder. Hilfreich bei diesem Prozess:

■ **Ordnen, gliedern Sie Ihre Gedanken,** schreiben Sie auf, was Ihnen durch den Kopf geht:
»Welche Fragen, welche Ergebnisse sind mir wichtig? Warum? Was kann ich eher außer Acht lassen?«

■ **Leben Sie in der Gegenwart.** Begnügen Sie sich damit, Ihre Vorstellungen, Ihre Träume von der Zukunft Ihres Kindes nur mit ein paar vagen Strichen zu skizzieren. Schwärmen Sie Ihrem Kind nicht vor, wie Sie sich im Detail seine Zukunft vorstellen. Lassen Sie ihm genug Spielraum für eigene Ideen und Entscheidungen, für Selbstständigkeit, damit es seine Talente und seine Neigungen selbst entdecken und entfalten kann. Wer von sich aus unbedingt aufs Gymnasium und dort mithalten will, wird sich anstrengen, um dieses Ziel zu erreichen. Ihre Aufgabe besteht vor allem darin, Ihr Kind auf den

Hilfreich: Erinnerungen an die eigene Kindheit

Von **Schul- und Lernproblemen** ihres Sprösslings bleiben die wenigsten Eltern ganz verschont. Wer sich dann keinen Rat weiß und keine Lösungen parat hat, kann auf eigene Erfahrungen zurückgreifen. Erinnerungen an die **eigene Kindheit** können mitunter hilfreich sein: »Wie war ich eigentlich als Schüler, emsig und fleißig und richtig vernünftig? Oder weniger perfekt, **weniger ernsthaft?** Habe ich eigentlich zuverlässig gelernt, oder war mein Einsatz auch nicht besonders erwähnenswert? Und vor allem: Wie habe ich eigentlich auf die strikten Vorgaben und Regeln meiner Lehrer und Eltern reagiert?« Plötzlich weiß man es wieder: Ihre **Besserwissereien haben genervt.** Über alles und jedes wussten sie scheinbar ganz genau Bescheid und haben gerne gute Ratschläge gegeben. Die guten Ratschläge haben wenig gefruchtet. Mit Fleiß hat man sie in den Wind geschlagen, schon um sich abzugrenzen: **Ich bin ich,** und ich mache mein eigenes Ding!

Weg zu bringen, ihm die verschiedensten Möglichkeiten aufzuzeigen und ihm bei der Umsetzung seiner selbst bestimmten Ziele zu helfen.

- **Steuern Sie bewusst gegen.** Die Mathearbeit verhauen, das Diktat daneben – werden Eltern mit den schlechten Leistungen ihres Sprösslings konfrontiert, sollten sie kurz und sachlich gemeinsam nach möglichen Ursachen suchen und dem Kind dann eine Extraportion Aufmerksamkeit widmen. Denn jetzt braucht es einen Lichtschimmer am Horizont, weder Schimpfe noch Strafe.

- **Lassen Sie Auseinandersetzungen in der Familie zu.** Fördern Sie Diskussionen. Bemühen Sie sich um Offenheit.

- **Sprechen Sie häufiger mit Freunden,** mit anderen Eltern, die etwa gleichaltrige Kinder und ähnliche Probleme haben. Sie wissen, wovon die Rede ist, wenn es in der Unterhaltung um das Thema Lernen, Schule, Lehrer geht.

- **Schlagen Sie sich nicht mit einem schlechten Gewissen herum,** wenn Sie keine Zeit zum Vokabelabfragen und keine Lust auf Rechtschreibübungen haben. Denn die Kinder, deren Mütter sich zu Hause ausschließlich um die Erziehung kümmern, sind keine besseren Schüler als ihre Altersgenossen, deren Eltern berufstätig sind und sich deshalb nicht den ganzen Nachmittag lang um die Hausaufgaben kümmern können, sagen die Fachleute.

■ Beliebte Fehler. Genervte Eltern neigen dazu, ihr Kind anzufahren:
»Willst du mich verrückt machen mit deiner Trödelei bei den Hausaufgaben?«
»Wieso kapierst du das nicht endlich?«
Kein Wunder, wenn mancher daraufhin seinen Stift aus der Hand legt. Mama oder Papa als Großinquisitor – das turnt keinen an. Deshalb sollten sich Eltern Sätze verbieten, wie zum Beispiel: »Du weißt, wie entscheidend deine Zensuren für den Übertritt aufs Gymnasium sind! Also setz dich hin und schreib den Aufsatz noch mal ordentlich ab!«
»Reiß dich am Riemen. Du weißt, dass heute eine Menge verlangt wird. Das Abitur wird euch nicht geschenkt! Am Gymnasium weht ein rauer Wind!«

Schlechte Noten können viele Ursachen haben

Lassen die Schulleistungen nach, liegt der Grund meist nicht allein darin, dass ein Schüler zu wenig oder falsch lernt. Die häufigsten Gründe für schlechte Noten:

- Unter- oder Überforderung
- langweiliger Unterricht
- Androhung von Strafe nach dem Motto: »Wenn du in der Schule nicht spurst, dann ...!«
- Mangel an Zuwendung, an Interesse. Der Schüler fühlt sich zu Hause allein gelassen.
- gravierender Streit mit Freunden, Eltern, Geschwistern
- Misserfolge am laufenden Band und daraus resultierende Mutlosigkeit
- ungeheurer Leistungsdruck durch das Elternhaus
- unerreichbare Vorbilder, die ihm vorgehalten werden
- Ausgrenzung oder Mobbing durch Mitschüler.

■ Nehmen Sie Noten nicht zu wichtig – leichter gesagt, als getan in Zeiten, da sie eine Riesenrolle spielen. In den ersten Schuljahren sind sie mehr Momentaufnahmen als eine Beschreibung der tatsächlichen Leistungsfähigkeit eines Kindes. Reden Sie mit Ihrem Kind über seine Noten – allerdings möglichst entspannt und locker. Sprechen Sie aber vor allem über sein Können und Wissen. Vergleichen Sie seine diesjährigen Leistungen mit denen des vorangegangenen Jahres. In jedem Fach gibt es etwas, was ein Schüler besonders gut kann – unabhängig von der Note – und was Eltern wahrnehmen und anerkennen können. Bekommt ein Kind dagegen zu hören, in Mathe sei es ja schon immer schwach gewesen, löst das keinen Motivationsschub aus.

■ Beliebte Fehler: Eltern drangsalieren ihr Kind bisweilen mit Zukunftsträumen – mit Sätzen wie:
»Selbstverständlich sollst du ein Instrument spielen, am besten Klavier, das habe ich mir früher immer gewünscht!«
»Du bist so begabt in Naturwissenschaften. Wenn du dich anstrengst, kannst du später als Wissenschaftler in die USA gehen!«
»Ich hätte so gerne studiert. Leider durfte ich nicht aufs Gymnasium. Aber ich wünsche mir, dass du nachholst, was ich ver-

Muss es unbedingt das Abitur sein?

Um jeden Preis, unbedingt soll es das Abitur sein. Selbst wenn die Lehrer vom Gymnasium abraten, setzen nicht wenige Eltern ein »Trotzdem!« dagegen. In einigen Bundesländern können sie ihren Willen durchsetzen. Ihr Kopf entscheidet, nicht der des Lehrers, und das Kind wird meistens nicht um seine Meinung gebeten. Kein Gymnasium! Was von vielen Müttern und Vätern als schiere Katastrophe betrachtet wird, ist in der Praxis längst keine mehr:

Erstens: Inzwischen verfügt unser Land über ein vielfältiges Angebot anderer weiterführender Schulen, die einem Kind neue Chancen eröffnen und zum Beispiel auch die Möglichkeit bieten – manchmal mit einigen Umwegen –, später an einer Universität zu studieren.

Zweitens: Es gibt heute ganz unterschiedliche Wege zu einer guten Ausbildung.

Viele Kinder können dem Druck des Gymnasiums nicht standhalten, weil sie mehr Zeit für sich brauchen oder in ihrer Entwicklung nachhinken. Manche holen später auf, sind nach einem Entwicklungssprung hoch motiviert und legen dann richtig los.

säumt habe! Das musst du mir zuliebe einfach schaffen.«

Jungen und Mädchen bocken gerne, wenn sie mit Erwartungen konfrontiert werden – erst recht, wenn es sich dabei um Befehle handelt:

»Ich erwarte von dir, dass du einen guten Aufsatz schreibst!«

»Ich gehe davon aus, dass du ein guter Schüler bist!«

Oft reicht auch ein Blick, ein Zucken mit den Augenbrauen, um die eigenen Erwartungen zu verraten. Auch das wirkt eher kontraproduktiv.

Falsche Bemerkungen können entmutigen – Sätze wie:

»Ich habe doch schon vorher gewusst, das aus dem Übertritt nichts wird!«

»Du zeigst ein zu geringes Durchhaltevermögen!«

Machen Sie aus dem Lernen nicht ein alles bestimmendes Familienthema. Drehen sich die Gespräche immer wieder um Zensuren, Arbeitsaufwand und Leistung, reduzieren Sie Ihr Kind auf seine Erfolge oder Misserfolge und setzen es damit gehörig unter Druck. Kein Wunder, dass sich manches Kind, belastet von den vielen Erwartungen und Visionen seiner Eltern, so erschlagen fühlt, dass es nicht gewillt, nicht fähig ist, diese Erwartungen auch nur annähernd zu erfüllen. Es steigt innerlich aus. Es will und kann die elterlichen Ansprüche nicht erfüllen. Druck schadet immer. Anspannung, Angst, Leistungsabfall bis zur Leistungsvermeidung sind oft die Folgen. Besser als Druck auszuüben ist, nach dem Warum zu fragen. »Warum klappt das Lernen nicht? Wie lässt sich die Motivation steigern?«

Wenn Ihr Kind Anforderungen meidet

Mathe? Ein Horrorfach. Oder vielleicht ist Bio die Achillesferse. Die meisten Kinder haben ein ungeliebtes Schulfach. Statt sich auf dieses Fach besonders zu konzentrieren, um entstandene Lücken zu füllen, drücken sich viele gerne und vor allem dann, wenn eine Arbeit in diesem Fach ansteht. Sie räumen ihr Regal auf oder misten den Kleiderschrank aus ... Mit Fleiß schieben sie auf, was getan werden müsste. Und warum das Ganze?

Notorische Aufschieber stellen meist hohe Ansprüche an das eigene Können. Aus Sorge, den eigenen Erwartungen nicht zu entsprechen, schieben sie das Üben so lange auf, bis keine Möglichkeit mehr dafür besteht. Fällt das Ergebnis einer Arbeit dann logischerweise mäßig aus, hat man eine gute Ausrede zur Hand:

»Wenn ich mit der Zeit besser klargekommen wäre und mehr getan hätte, wäre das Ergebnis besser gewesen!«

Es ist wahrlich nicht einfach für Eltern, diesen Knoten aufzudröseln und die Lust am Lernen wieder zu wecken.

Manche notorische Aufschieber kapitulieren aber auch von vornherein vor dem Riesenberg des zu lernenden Stoffs. Wenn Sie den Verdacht haben, dass Ihr Kind dazugehört, machen Sie mit ihm einen Lernplan für die nächste Probe. Verschaffen Sie sich gemeinsam einen Überblick, was vorzubereiten ist, und lassen Sie Ihr Kind den Stoff in überschaubare Portionen einteilen: »Ich wiederhole jeden Tag die Vokabeln einer Lektion, heute Lektion drei, morgen Lektion vier, und am Mittwoch üben wir das Grammatikkapitel.«

Wenn die Basis stimmt, die Atmosphäre in der Schule, im Freundeskreis, in der Familie gut ist, sind beste Voraussetzungen für ein erfolgreiches Lernen gegeben. Auf dieser stabilen Grundlage kann Ihr Kind die nötige Begeisterung fürs Lernen entwickeln. Darüber hinaus können Sie seine Lernbereitschaft gezielt unterstützen. Wenn Sie echtes Interesse an der Entwicklung Ihres Kindes haben, wenn Sie es kontinuierlich und fröhlich durch seine Kindheit begleiten, dann puschen Sie seine Lust am Lernen. Das heißt aber nicht, dass Sie den Animateur spielen und sich immer neue, immer raffiniertere Strategien ausdenken müssen, wie Sie Ihr Kind bei Laune halten. Sie müssen nicht den Showgrößen im Fernsehen nacheifern und Motivationspurzelbäume schlagen. Wenn Sie sich auf Ihre elterlichen Qualitäten wie Zuwendung, Interesse, Verständnis, Liebe verlassen, können Sie bei Ihrem Kind mehr erreichen als mit dem eindrucksvollsten Förderprogramm.

89

Wenig Zeit?

Kleine Fördereinheiten im Alltag

Mütter und Väter müssen kein ausgeklügeltes Lernprogramm aus dem Hut zaubern. Kurze Anregungen bringen oft mehr. Deshalb finden Sie auf den folgenden Seiten viele Lernangebote, die Sie Ihrem Kind machen können und die nicht nach Lernprogramm »riechen«. Im Gegenteil – sie kommen eher als spannendes Experiment, als Spiel, als Abenteuer daher und verstärken gerade deshalb die Freude am Lernen. Es sind lauter unkomplizierte Ideen, die Sie zwischendurch ohne großen Extraaufwand umsetzen können: beim Autofahren, im Wartezimmer, beim Spaziergang – überall, wo Sie gerade mit Ihrem Kind sind.

Lernspiele für zu Hause

A

Abzählverse – ein einfaches Mittel, um Rhythmusgefühl, Sprache und Zahlen zu trainieren. Hier sind zwei von vielen bekannten Beispielen – erinnern Sie sich an früher: Fällt Ihnen noch mehr ein?

Ene meine Miste,
es rappelt in der Kiste,
ene meine muh,
und raus bist du.

Eine kleine Dickmadam,
fuhr mal mit der Eisenbahn,
Eisenbahn, die krachte
Dickmadam, die lachte,
fiel zum Wagen raus,
und du bist aus.

Autogespräche. Autofahrten werden schnell langweilig. Eine Möglichkeit, die Zeit mit Kindern zu nutzen: Regen Sie gezielt Gespräche über Gott und die Welt an, über Schulprobleme, Freunde und Freizeitaktivitäten – über das, was gerade aktuell ist: in Ihrem Leben, im Leben Ihres Kindes. Wer eine eigene Meinung hat und sie oft äußert, bringt seinem Kind damit bei, sich ebenfalls eine Meinung zu bilden, zu formulieren und sie im Gespräch mit anderen zu vertreten.

B

Balance halten. Ein Versuch zum Thema Schwerkraft: Wer schafft es, sich mit hängenden Armen, Hände an der Hosennaht, seitlich an eine Wand zu stellen und zwar so, dass sowohl der linke Fuß als auch die linke Schulter die Wand berühren. Und wer schafft es dann noch, gleichzeitig das rechte Bein zu heben? Das Experiment kann nicht funktionieren, dabei gerät jeder ins Trudeln. Die Erklärung: Bei dieser Schieflage liegt der Schwerpunkt des Körpers außerhalb der Standfläche, da die Schultern breiter sind als die Fußfläche.

Betten beziehen. Bei dieser »Haushaltsübung« kommt es auf Ausdauer und Geschicklichkeit an. Außerdem übt ein Kind dadurch Selbstständigkeit, und es übernimmt Verantwortung. Grundschulkinder sollten im Haushalt nicht nur Handlanger sein, sondern bestimmte Arbeiten eigenständig erledigen wie etwa Treppe fegen oder Wäsche aufhängen.

Blätterreihen. Während eines Spaziergangs sammeln Sie Blätter, legen aus den Blättern später eine logische Reihe – zum Beispiel: erst zwei Eichenblätter, dann ein Ahornblatt, ein Buchenblatt, wieder zwei Eichenblätter. Wie setzt sich die Reihe fort? Wer gestaltet eine neue?

Briefe schreiben – eine gute Sprach- und Schreibübung. Hinterlassen Sie Ihrem Kind häufiger auf dem Küchentisch oder auf dem Nachttisch Zettel mit kurzen Nachrichten oder längere Briefe. Animieren Sie es auf diese Weise, selbst Briefe zu schreiben und dabei seine Ausdrucksfähigkeit und Erzählkunst zu üben.

Buchstabengeschichten. Denken Sie sich zusammen Buchstabengeschichten aus wie etwa: Braune Bären brummen beachtlich. Oder: Acht bärtige Chorsänger dichten echte ... – wer schafft es, einen Satz zu fabrizieren, dessen Wortanfänge mit der Reihenfolge des Alphabets übereinstimmen?

Büchertisch. Fördern Sie die Leselust Ihres Kindes. Vertrauen Sie auf den Aufforderungscharakter von Comic-, Sach-, Märchenbüchern und von Zeitschriften, die Sie auf einem Tisch auslegen.

Butterbrotgespräche. In der Früh vor der Schule ist in der Regel Eile angesagt. Umso besser, wenn in dem alltäglichen Morgentrubel Zeit für ein Kurzgespräch bleibt – für ein Ritual wie: Jeder erzählt, was ihm der Tag bringen wird. Ein Spiel, das nicht nur Sprachtraining ist, sondern vor allem ein Kontaktverstärker.

D

Denksport. Stecken Sie ein Heft oder Buch mit Denksportaufgaben oder Rätseln ein, wenn längere Wartezeiten anstehen, etwa beim Arzt oder im Restaurant. Kinder mögen Wettkämpfe, wenn sie spielerisch bleiben: »Wer löst die Aufgaben am schnellsten? Und wer ist kreativ genug, sich neue Aufgaben auszudenken?«

Dudenspiel. Ein Lernspiel für zwei, das den Wortschatz erweitert und das Buchstabiervermögen trainiert. Der erste Spieler gibt ein Wort vor – zum Beispiel »sagen«. Der zweite überlegt, durch welches Wort man das erste ersetzen könnte – zum Beispiel durch das Wort »mitteilen«. Wer nicht weiterweiß, schaut im Duden nach.

Durchhaltespiele. Viele Kinder haben nicht gelernt, sich auf ein Thema zu konzentrieren, sondern verzetteln sich gerne. Sie springen zwischen verschiedenen Tätigkeiten hin und her und bleiben bei keiner Sache länger als ein paar Minuten. Ganz typisch: Sie beginnen eine Aufgabe, brechen sie gleich wieder ab, um sich auf die Suche nach einer weiteren Beschäftigung zu machen. Immer schneller pendeln sie zwischen verschiedenen Beschäftigungen hin und her, können sich für nichts wirklich entscheiden. Umso wichtiger ist es, dass Eltern an diesem Punkt gegensteuern. Schlagen Sie zum Beispiel als »Highlight« vorm Ins-Bett-Gehen ein Spiel vor wie etwa »Mensch ärgere dich nicht« oder »Malefiz«. Ist dieses Spiel akzeptiert, muss damit gleichzeitig klar sein: Das Spiel wird zu Ende gespielt. Mittendrin abbrechen, das gibt es nicht.

E

Einkaufszettel schreiben. Diese alltägliche Tätigkeit ist ebenfalls eine gute Gliederungs- und Schreibübung: erst überlegen, was eingekauft werden muss, dann eine »Stoffsammlung« machen, die verschiedenen Posten ordnen, aufschreiben und später beim Einkaufen gemeinsam feststellen, dass ein gut gegliederter Einkaufszettel besonders hilfreich ist.

E-Mails schreiben und empfangen ist eine ähnlich gute Übung wie das Schreiben von Briefen und Notizzetteln – und viele Kinder finden es aufregend elektronisch zu kommunizieren. Auf diese Weise macht es Spaß, Kontakt mit Freunden und Verwandten zu halten.

Entfernungen schätzen. »Wie viele Schritte ist es von unserem Standort aus bis zum Brunnen?« oder: »Wie viele Stufen mag die Treppe vor dem Rathaus haben?« Erst wird geschätzt, später nachgezählt. Wer ist besonders gut im Schätzen? Wettspiele machen Kindern nicht nur Freude, sondern stacheln auch ihren Ehrgeiz an.

Erste Hilfe. Sprechen Sie mit Ihren Kindern über den Sinn von Erster Hilfe, und vermitteln Sie ihnen die wichtigsten Details mit einer Erste-Hilfe-Broschüre. Fragen Sie beim Roten Kreuz nach einer solchen Broschüre.

F

Fahnen. Ein Wochenendspiel, wenn das Wetter schlecht ist: Schauen Sie sich zusammen mit Ihrem Kind im Lexikon Fahnen aus aller Herren Länder an. Wählen Sie eine bestimmte Fahne aus, und suchen Sie gemeinsam auf dem Globus oder im Atlas nach dem entsprechenden Land. Anschließend forschen Sie zusammen im Internet nach weiteren Informationen zu diesem Land. Danach kommt die nächste Fahne ins Spiel.

Familiengeschichten. Ein Ritual, das als erstes Saatkorn historisches Interesse entfachen kann: Erzählen Sie Ihrem Kind, woher seine Großeltern, seine Urgroßeltern stammen; wo sie gelebt und was sie erlebt haben. Berichten Sie häufiger von dem Leben in früheren Zeiten.

Fingerzahlen. Sie schreiben eine fünfstellige Zahl – auf jeder Fingerspitze Ihrer linken Hand eine andere Zahl. Danach versucht Ihr Kind, die fünfstellige Zahl zu entziffern.

Flaschenmusik. Füllen Sie drei Flaschen gleicher Größe, gleichen Umfangs zur Hälfte mit Wasser. Wer hineinbläst, erzeugt Töne, die sich gleichen. Unterscheidet sich der Wasserstand in den Flaschen, unterscheiden sich auch die Töne. Ein weiteres Spiel, das die Wahrnehmungsfähigkeit trainiert:

- Einer bläst in die Flaschen, ein anderer hört mit geschlossenen Augen zu. Welcher Ton ist am höchsten, welcher am tiefsten?

Fragen stellen. Wenn Sie unterwegs sind, dann animieren Sie Ihr Kind, von seinem Tag zu erzählen, und hören Sie ihm geduldig und interessiert dabei zu. Bitte insistieren Sie aber nicht beharrlich, wenn das Kind keine Lust hat.

Friedhofspaziergänge. Gehen Sie über einen Friedhof. Sprechen Sie mit Ihrem Kind über alte Vornamen, die auf den Grabsteinen stehen. Wenn Ihr Kind interessiert ist, erzählen Sie von Bestattungsritualen, von längst vergangenen Zeiten, an welche die Geburts- und Sterbedaten auf den Grabsteinen erinnern. Sprechen Sie über Grabsteine und Grabkreuze. Friedhöfe animieren dazu, über Gott und die Welt nachzudenken. Welche Gedanken kommen Ihrem Kind? Gehen Sie im Gespräch darauf ein.

Frühlingsspiel. Regen Sie einen Wald-und-Wiesen-Spaziergang an, oder gehen Sie durch einen Park oder einen Garten, wenn die ersten Frühlingsblumen blühen. Suchen Sie gemeinsam mit Ihrem Kind in einem Bestimmungsbuch nach den Blumen, die Sie unterwegs entdecken.

- Eine Variante: Beobachten Sie draußen Vögel. Schauen Sie in einem Bestimmungsbuch nach, welche Vögel im Frühling bei uns wieder Einzug halten und welche den Winter über geblieben sind. Woher kommen die Zugvögel? Informieren Sie sich im Internet.

G

Gedächtnistraining. Dieses Spiel für zwei erfordert Konzentration. Zuerst machen Sie verschiedene Geräusche mit Dingen, die im Raum verteilt sind: Sie schieben zum Beispiel einen Vorhang auf einer Gardinenstange hin und her, schleifen einen Stuhl über den Boden, klopfen an einen Heizkörper. Dann wird Pause gemacht. Später schreibt Ihr Mitspieler die Geräusche auf, an die er sich erinnert. Danach werden die Rollen getauscht.

Gedichte. Wenn Sie Gedichte lesen, auswählen, lernen und nach Wochen, Monaten noch parat haben, ist das für Ihr Kind sicherlich ein Anreiz, sich ebenfalls mit Gedichten zu beschäftigen und manche »freiwillig« auswendig zu lernen – vor allem dann, wenn Sie erzählen, was Gedichte für Sie bedeuten. Gedichte können nicht nur Balsam für die Seele sein, sie sind auch ein handfestes Sprach- und Gedächtnistraining. Das Auswendiglernen fällt vielen leichter, wenn sie sich den Text in Gedanken bunt ausmalen.

Gegensätze suchen – ein Spiel, das die grauen Zellen auf Trab bringt und das Sie überall und schnell mal zwischendurch mit Kindern spielen können. Sie sagen ein Wort, etwa »kalt«. Wer zuerst das Gegenteil benennen kann, darf ein neues Wort vorgeben wie etwa »klug«. So wird mit Gegensätzen hin- und hergespielt, je schneller, desto besser geeignet als Gehirntraining.

Geld fühlen. Ein Spiel für zwei oder mehr, das die Wahrnehmungsfähigkeit schult und das Rechnen übt. In einem Sack werden viele, möglichst unterschiedliche Münzen verstaut. Der erste Spieler soll so schnell wie möglich zwei Euro 22 Cent auf den Tisch legen. Er greift in den Sack, tastet eine Münze nach der anderen ab und versucht die passenden Münzen auf den Tisch zu legen.

- Eine Variante für Fortgeschrittene: Das gleiche Spiel, nur wird jetzt die Zeit gestoppt. Wem gelingt es schneller als seinen Mitspielern, einen bestimmten Betrag aus dem Sack zu zaubern?

Geschichten erzählen – ein Sprach- und Denktraining, das spielerisch daherkommt, sich darüber hinaus aber auch als Zeitvertreib für längere Autofahrten eignet: Sie erzählen eine Geschichte, brechen Ihre Erzählung ab, Ihr Kind greift den Faden auf und spinnt die Geschichte weiter. So wird abwechselnd hin- und hererzählt, bis die Geschichte ein Ende hat. Monster-, Piraten-, König-und-Königinnen-Geschichten kommen bei Kindern übrigens besonders gut an.

Gummibärchen zählen. Für dieses Rechenspiel wird eine Tüte Gummibärchen benötigt. Die erste Frage heißt: »Was bedeutet 3 x 3?« 3 x 3 Gummibärchen ist nichts anderes als 3 Gummibärchen plus 3 Gummibärchen plus 3 Gummibärchen. Was ist mit 5 x 5 Gummibärchen? Wer legt diese Rechenaufgabe nach?

H

Hören und was es bedeutet. Überall umgeben uns Klänge, Geräusche, Töne – mal bekannte, mal unbekannte, mal laute oder leise, mal hohe oder tiefe. Manche Klänge sind ganz natürlich. Dazu zählen etwa das Heulen des Windes, das Plätschern des Baches, das Rascheln der Blätter. Andere Geräusche sind künstlich: wie das Knattern im Radio, wenn der Sender nicht zu finden ist, wie das Kreischen der Motorsäge und das Brummen des Rasenmähers. Das Empfangen von Geräuschen lässt sich nicht ohne Weiteres abstellen, denn die Ohren kann man nicht wie die Augen einfach schließen. Aber das Gehirn kann Geräusche mehr oder weniger gut abschalten, überhören.
Wer seinen Hörsinn bewusst einsetzt, hört plötzlich, was er vorher nie wahrgenommen hat. Einige »Hörspiele« dazu:

- Ein Spiel für zwei. Der Erste schließt die Augen und berichtet, welche Geräusche zu ihm dringen. Dann werden die Rollen getauscht.

- Eine Variante: Alle Mitspieler sitzen mit geschlossenen Augen und mucksmäuschenstill am geöffneten Fenster. Jeder versucht, sich so viele Geräusche wie möglich zu merken. Hinterher wird verglichen: Wer hat was und vor allem besonders viel gehört?

- Eine weitere Variante: Welche Geräusche werden von Menschen gemacht, welche von Maschinen?

- Man hört besser, wenn die Ohren gespitzt und die Ohrmuscheln seitlich aufgerichtet sind, denn die Ohrmuscheln fangen den Schall auf und leiten ihn ins Ohr weiter. Viele Tiere können ihre Ohre aus- und aufrichten, Menschen können es nicht. Sie müssen ihre Ohren künstlich vergrößern, wenn sie besser hören möchten, indem sie zum Beispiel die Ohrmuschel mit der Hand nach vorne biegen oder einen Papiertrichter ans Ohr halten. Ein Experiment für zwei: Der eine flüstert leise, der andere versucht das Flüstern zu verstehen. Er neigt sein Ohr Richtung Geräuschquelle, mal mit »Hörhilfe«, mal ohne. Ist ein Unterschied in der Hörfähigkeit zu merken?

- Ein weiteres »Hörspiel«: Ihr Kind geht an Ihrer Hand mit verbundenen Augen durch einen Wald und lauscht. Was ist zu hören?

- Oder: Sie gehen auf Abstand zueinander. Dann sagen Sie leise flüsternd ein paar Sätze. Versteht Ihr Spielpartner, was Sie sagen? Und umgekehrt: Verstehen Sie, was Ihr Kind flüstert?

- Hören Sie bewusst hin, wenn andere sprechen. Wie sprechen sie? Ruhig oder aufgeregt? Mit hoher oder tiefer Stimme? Laut oder leise? Deutlich oder undeutlich? Gibt es noch weitere Unterschiede, die Sie wahrnehmen, wenn Sie gemeinsam lauschen?

- Nicht nur im Konzert, sondern auch im Fernsehen sind immer wieder Symphonieorchester zu sehen und zu hören. Kinder können dabei die Arbeit eines Dirigenten beobachten, später auch kopieren.

Hüpfekästchen für Anfänger – ein beliebtes Wettspiel, das umso lustiger ist, je mehr Spieler mitmachen. Auf einem Bein hüpfend, wird ein Stein über einen gepflasterten Weg von Pflasterstein zu Pflasterstein geschossen, und dabei wird laut mitgezählt. Der Stein muss immer genau im Kästchen landen. Schießt er über das Ziel hinaus oder landet auf einer Linie, muss man ausscheiden, sich seine Kästchenzahl jedoch merken. Nun ist der Nächste an der Reihe. Wer nach zehn Spieldurchgängen die höchste Kästchenzahl erhüpft hat, gewinnt das Spiel.

I

Internetsuchspiele. Dieses Spiel mit dem Computer ist ein Wechselspiel für zwei. Es führt Grundschulkinder spielerisch an das Wunder Internet heran. Einer nennt aus dem Stand ein bestimmtes Stichwort – zum Beispiel »Weimar«, oder auch eine Stadt, die er kennt, oder die Stadt, in der die Oma wohnt. Der andere gibt das Wort bei Google ein. Danach wird gemeinsam gesucht, ob sich unter den gefundenen Seiten brauchbare Informationen befin-

den, ob Seiten mit schönen Bildern dabei sind, auf denen etwa die Sehenswürdigkeiten der Stadt zu entdecken sind. Danach werden die Rollen getauscht.
Das Spiel eignet sich für Regentage, für Momente, in denen die Kinder eine Anregung brauchen (»Mir ist so langweilig, was soll ich tun?«), oder auch für Kinder, die krank sind und nicht ins Freie dürfen. Lassen Sie Ihre Kinder aber nicht allein mit dem Computer, sondern besprechen Sie das Ziel der Suche (»Lass uns mal suchen, was man in Weimar anschauen könnte!«), und steuern Sie das Spiel (»Schau mal, da gibt es ein Goethe- und Schillerdenkmal und viele Schlösser!«). Es soll schließlich nicht so enden, dass das Kind von einer Bilderflut überrollt und der Computer schließlich ohne konkretes Ergebnis ausgeschaltet wird. Vermeiden Sie auch, den Computer allzu oft als Mittel gegen Langeweile einzusetzen.

K

Karten lesen. Breiten Sie eine Wander- oder Fahrradkarte oder einen Stadtplan auf einem Tisch aus. Nennen Sie einen Startpunkt und einen Zielpunkt, und lassen Sie sich von Ihrem Kind erklären, wie man auf direktem Wege von A nach B kommt. Danach überlegen Sie gemeinsam, welche anderen Wege sich anbieten. Anschließend dürfen Sie auf den Karten neue Wege suchen.

Kartenspiel für Rechenkünstler – ein Spiel für zwei: Die Karten eines Spiels werden gemischt, verteilt und die Zahlen auf den Karten dann zusammengezählt. Wer die höhere Zahl hat, gewinnt das Spiel.

- Eine Variante für fortgeschrittene Rechner und für zwei Spieler: Gespielt wird mit einem Kartenspiel. Auf vielen Karten ist ihr Wert angegeben. Bilderkarten zählen zehn Punkte. Ein Ass besitzt in diesem Spiel keinen Wert. Das Spiel: Der verdeckt auf dem Tisch liegende Kartenstapel wird geteilt. Jeder hebt eine Karte von seinem Stapel ab und deckt sie auf. Die Werte der aufgedeckten Karten werden zusammengezählt. Wer das richtige Ergebnis zuerst nennt, darf beide Karten behalten. Gewinner ist, wer nach einer bestimmten Zeit die meisten Karten gewonnen hat, oder: Verloren hat, wer zuerst keine Karten mehr besitzt.

Kindheitserlebnisse. Erzählen Sie Ihrem Kind Anekdoten aus Ihrer eigenen Kindheit, später aus seiner Kindheit, und animieren Sie es auf diese Weise, eigene Erinnerungen an frühere Zeiten in Worte zu fassen. Überlegen Sie gemeinsam, welche Erlebnisse schnell vergessen sind und welche im Gedächtnis haften bleiben. Legen Sie gemeinsam ein Kindertagebuch an, in das schöne oder auch traurige Erlebnisse eingetragen werden.

Knetezahlen. Sehen, fühlen – sinnliche Erfahrungen unterstützen das Lernen, fördern auch den Umgang mit Zahlen. Formen Sie mit Ihrem Kind die Zahlen von eins bis zehn aus Knetmasse, und spielen Sie mit diesen Knetezahlen: Der jüngere Mitspieler gibt eine Zahl vor, sagt zum Beispiel: »310«. Der ältere legt die entsprechende Zahl dann auf den Tisch. Später werden die Rollen getauscht.

- Eine Variante: Ein Spielpartner legt eine Knetezahl auf den Tisch. Ein anderer darf die Zahl nun mit geschlossenen Augen per Finger nachzeichnen und dabei überlegen, welche Zahl vor ihm liegen könnte. Weiß er es, werden die Rollen getauscht.

Kopfrechnen – ein Spiel für Schnellrechner und Gedächtniskünstler, das außerdem dazu geeignet ist, Langeweile beim Autofahren zu vertreiben: Abwechselnd werden kurze Rechenaufgaben gestellt und Rechenolympiaden veranstaltet: Wer wird Rechenmeister?

Kostenrechnungen. Stellen Sie mit Ihrem Kind zu Hause Überlegungen über die Kosten bestimmter Lebensmittel auf: »Was kostet eine Flasche Milch? Was ein halbes Pfund Butter? Wer weiß Bescheid? Wer muss schätzen? Schreiben Sie Ihre Vorstellungen auf, und vergleichen Sie die Daten später im Supermarkt mit den wahren Kosten. Wer hat gut geschätzt, wer weniger gut?

Stören verboten

Es soll vorkommen, dass kein Mucks aus dem Kinderzimmer dringt. Ein schneller Blick reicht gewöhnlich, um sich ein genaueres Bild davon zu machen, was dort vorgeht und was so spannend ist, dass ein Kind die Welt um sich herum nicht länger wahrnimmt. Ein Sachbuch über Tiere in Afrika? Eine Weltkarte? In welchen Momenten ist Ihr Kind ganz konzentriert bei der Sache? Wenn es um Natur oder Technik oder Musik geht? Womit beschäftigt es sich am liebsten?

Wer sein »Ding« gefunden hat und alles andere darüber vergisst, wer tief versunken in sein Machen und Tun ist, braucht kein ausgetüfteltes weiteres Beschäftigungsprogramm, sondern Eltern, die gezielt auf diese Interessen eingehen und sie durch engagiertes Nachfragen und Zuhören vertiefen.

Wer weiß, wo die besonderen Interessen seines Kindes liegen, bietet ihm am besten regelmäßig Gelegenheiten, sich eine Weile in Ruhe auf sein Lieblingsthema zu konzentrieren. Folgendes Ritual kann dabei hilfreich sein: Wenn ein Papier mit einem R an der Kinderzimmertür hängt, bedeutet das: »Ruhe, bitte nicht stören!« Allerdings wollen Mütter und Väter mitunter auch ihre Ruhe haben, dann hängt an ihrer Tür auch ein R. Auf diese Weise lernen alle, dass zwischendurch jeder mal ein Quäntchen ungestörte Zeit für sich braucht.

Kraftakt. Bei diesem Experiment geht es um Kraft. Wer traut sich zu, eine Wäscheklammer in jeder Hand gleichzeitig minutenlang zusammenzudrücken? Was so einfach aussieht, stellt sich bald als Unmöglichkeit heraus, denn die Muskeln erlahmen schnell. Also wird nichts aus der Kraftmeierei.

Küchengeister. Ein Spiel, das die Wahrnehmungsfähigkeit schult. Alle Mitspieler schauen sich in der Küche gründlich um, prägen sich ihr Bild ein und verlassen dann den Raum, in dem Sie jetzt einige Kleinigkeiten umstellen. Wer weiß später zuerst, was sich verändert hat?

L

Länderquiz. Ein Spiel, das Grundwissen vermittelt. Auf einer Weltkarte tippen Sie auf ein bestimmtes Land. Hat Ihr Mitspieler den Namen des Landes parat? (Ablesen ist nicht erlaubt). Danach werden die Rollen getauscht, und dann wird Ihr Länderwissen überprüft.

- Eine Variante für Fortgeschrittene: Über den Namen hinaus sollen jeweils drei Merkmale des abgefragten Landes aufgezählt werden.

Lernposter. Stichwörter zur Sachkunde, Matheformeln – was auch immer in den Kopf hinein soll, wird mit dickem Filzstift auf ein großes Blatt Papier geschrieben, gemalt, gezeichnet. Das Poster wird dort aufgehängt, wo man immer wieder vorbeikommt, sich die Bilder anschauen, die Wörter nachlesen kann, um sie sich schließlich einzuprägen.

Lieder raten – ein Lernspiel für zwei, das genaues Hinhören und Mitdenken schult. Sie klatschen oder klopfen den Rhythmus eines bekannten Liedes. Ihr Mitspieler soll herausfinden, welches Lied gemeint ist. Erkennt er den Rhythmus, werden die Rollen getauscht.

Lückentexte. Sie fotokopieren eine kurze Geschichte, schwärzen auf dem Blatt bestimmte Wörter und geben den Text an einen Mitspieler weiter, der die verschwundenen Wörter finden und einsetzen soll.

Luftmalereien. Ein Tipp, der zwischendurch schnell zu verwirklichen ist und die Konzentrationsfähigkeit übt: Ihr Kind legt seinen Kopf auf die rechte Schulter, streckt seinen rechten Arm nach vorne und zeichnet, von der Körpermitte ausgehend, lauter liegende Achten in die Luft. Nach einer Weile ist der linke Arm an der Reihe.

M

Massage. Brütet ein Schüler lustlos über seinen Schulbüchern und kaut verzweifelt am Stift, stellen Sie sich wortlos hinter Ihr Kind und massieren seine Nacken- und Rückenmuskulatur.

Münzen raten – ein Rechenspiel für zwei Anfänger. Der erste Mitspieler bekommt zwölf Zweicentmünzen. Hinter seinem Rücken verteilt er die Münzen in beiden Händen: Fünf kommen in die eine, sieben in die andere Hand. Anschließend hält er beide Fäuste hin, öffnet dann die Faust, auf die sein Spielpartner zeigt. Der Partner zählt die Münzen in der ausgestreckten Hand (»fünf«) und sagt dann, wie viele Münzen in der geschlossenen Hand stecken (»sieben«). Dann wird die zweite Faust geöffnet, und er zählt nach. Später werden die Rollen getauscht.

N

Namen klatschen – ein Familienspiel. Der Reihe nach sagt jeder Mitspieler seinen Vornamen und seinen Nachnamen und klatscht gleichzeitig den Rhythmus beider Namen: »Kon-stan-tin Fritsch«. Oder »Ma-rie-ca-ro-li-ne Hu-ber«. Wem fallen weitere echte Namen oder auch blumige Fantasienamen ein?

Neugierde fördern. Wer sich eine kindlich-offene Grundeinstellung zum Lernen bewahrt, steckt andere mit seiner Neugierde an. Ein Spiel, das dazu passt: Wer findet im Radio oder im Fernsehen auf Knopfdruck Neuigkeiten oder fahndet in der Zeitung danach?

P

Planspiele. Prioritäten setzen, Ideen entwickeln und in die Tat umsetzen – Kinder lernen, Pläne zu erstellen. Es gibt viele verschiedene Möglichkeiten, das Planen spielerisch zu üben:

- Stellen Sie gemeinsam mit Ihrem Kind Pläne auf: Ferienpläne, Reisepläne, Wochenendpläne. Zuerst wird Stoff gesammelt und aufgeschrieben. Dann werden die Punkte geordnet.
- Schildern Sie ein Problem, das einer Lösung bedarf. Erzählen Sie zum Beispiel von einem Dorf, das dem Braunkohletagebau zum Opfer fällt und an anderer Stelle wieder aufgebaut werden soll. Planen Sie spielerisch im Gespräch gemeinsam ein neues Dorf.

Plus-und-Minus-Spaziergänge – eine Beschäftigung für zwei: Der eine stellt eine lange Rechenaufgabe wie etwa: 8 minus 2 plus 4. Der andere drückt die Aufgabe in Schritten aus: Er geht zum Beispiel acht Schritte vorwärts, dann zwei zurück, wieder vier vorwärts, nennt dabei die entsprechenden Endergebnisse des jeweiligen Rechenschritts und gewinnt eine Vorstellung davon, dass Rechnen und Raumgefühl miteinander zu tun haben.

Probleme lösen – ein Spiel für zwei, das mehr als nur Zeitvertreib ist: Sie schildern ein Problem, das Sie vielleicht der Tageszeitung entnehmen – zum Beispiel erzählen Sie von einem Kind, das in der Schule permanent von seinen Mitschülern gemobbt wird. Was tun? Suchen Sie gemeinsam mit Ihrem Mitspieler nach der Lösung solch eines Problems. Später werden die Rollen getauscht. Jetzt berichtet Ihr Mitspieler von einem Problem, und Sie suchen erneut gemeinsam nach einer Lösung. So geht das Spiel immer hin und her – zum Beispiel während eines gemeinsamen Spaziergangs oder beim Kücheaufräumen oder während einer längeren Autofahrt.

R

Raumgefühl entwickeln – ein Spiel für zwei, das die Orientierung im Raum schult. Zuerst stellen Sie sich mitten in einen Flur, verbinden sich die Augen und tasten durch den Flur auf der Suche nach Ihrem Mitspieler. Finden Sie ihn nicht, darf er ein Geräusch machen, zum Beispiel an einen Türrahmen klopfen. Wenn Sie Ihr Kind erwischen, werden die Rollen getauscht.

- Für ältere Kinder: Nun wird dasselbe Spiel draußen im Dunkeln veranstaltet, im Garten, im Hof.

Reimen, um das Sprachgefühl zu stärken – ein Spiel für zwei. Der ältere Spieler beginnt, sagt einen Satz wie zum Beispiel: »Die Wiese ist nass!« Der Mitspieler greift den Satz auf und fügt einen zweiten an, der sich reimt, wie etwa: »Wer sagt denn das?« Danach werden die Rollen getauscht.

Riechen und Schmecken und was es bedeutet. Mit Hilfe von Geruchs- oder Geschmackssinn orientieren sich Tiere. Diese beiden Sinne sind die ursprünglichsten. Wer riecht und schmeckt, der nimmt kleinste Teilchen eines Duft- oder Geschmacksstoffes über die entsprechenden Sinneszellen in Mund und Nase auf und leitet den Reiz ans Gehirn weiter. Der Geschmackssinn gibt über die geschmacksempfindlichen Zellen auf der Zunge Impulse an das Gehirn weiter, und im Gehirn entsteht daraus unsere Wahrnehmung, die in puncto Geschmack »bitter«, »süß«, »salzig« oder »sauer« heißt. Millionen Riechzellen, die in der Nasenschleimhaut sitzen, nehmen über die Luftströmung kleinste Bestandteile von Duftstoffen auf und wandeln diese Duftstoffe in chemische Reaktionen um. Diese Reaktionen werden als elektrische Impulse an das Gehirn weitergegeben und dort in Wahrnehmung umgewandelt: in Dufterlebnisse. Gerüche und Düfte dringen schnell in das Zentrum des Gehirns vor, das unsere Gefühle beeinflusst.
Der Geruchssinn ist differenzierter als der Geschmackssinn, und beide Sinne sind miteinander verknüpft. Das heißt: Nur mit einem guten Geruchssinn lässt sich feiner Geschmack wirklich wahrnehmen. Kinder können ihren Geschmacks- und ihren Geruchssinn schulen, wie folgende Experimente zeigen:

- Sie lassen Ihr Kind probieren: Pudding, Kirschen, Wurst – was schmeckt süß und was salzig? Dann kostet es mit geschlossenen Augen verschiedene Speisen – bemüht, die Unterschiede bewusst wahrzunehmen.

- Wer kann den Geschmack bestimmter Speisen bewusst wahrnehmen und beschreiben? Es fällt schwer, den Geschmack eines Apfels oder eines Nusskuchens zu beschreiben.

- Eine andere Möglichkeit: Sie machen einen Waldspaziergang. Wie riecht es hier im Sommer, wie im Herbst? Oder wandern Sie schnuppernd durch die Stadt. Hier riecht es nach Würstchen und dort duftet es nach frischem Brot.

- Wer hat bestimmte Düfte im Gedächtnis verankert? Wie riecht frisch gemähtes Gras? Wie Heu? Wie Plätzchen, die im Ofen backen? Wie Basilikum?

- Sie suchen zusammen mit Mitspielern in der Wohnung nach bestimmten Düften und Gerüchen. Wonach duftet die Seife im Badezimmer? Wie duftet Lavendelwasser? Wie riecht frisch gemahlener Kaffee? Duftet schwarzer Tee auch?

- Ihr Kind probiert ein Stück Apfel und ein Stück Kartoffel mit geschlossenen Augen und zugehaltener Nase. Der Unterschied zwischen Apfel und Kartoffel ist erst zu schmecken, wenn die Nase wieder frei ist.

- Bei diesem Experiment wird zuerst die Zunge mit einem Stück Küchenkrepp abgetrocknet, dann auf die trockene Zunge eine kleine Menge Salz gestreut. Solange die Zunge trocken ist, ist das Salz nicht zu schmecken. Der Grund: Die Geschmackszellen brauchen Feuchtigkeit, um zu funktionieren.

- Verdorbene Lebensmittel zersetzen sich, dabei entstehen faulige Gase. Giftige, gefährliche Dinge können bestialisch stinken. Wer mag zum Beispiel an einem faulen Apfel oder altem Schin-

Anstehende Aufgaben zügig erledigen

Wenn Eltern locker und lässig vormachen, wie man ungeliebte Alltagsaufgaben von Bügeln bis Kücheaufwischen ohne großes Aufhebens und Jammern schnell, aber gründlich erledigt, dann nehmen sie damit positiven Einfluss auf ihr Kind, das sich hier Strategien für seinen Schulalltag abgucken kann.

Mütter und Väter können auch zeigen, wie man Ordnung ins eigene Chaos bringt, indem sie

ein Merkheft oder einen Kalender führen, in dem sie regelmäßig wichtige Termine, Ereignisse, Erkenntnisse sammeln und mit ein paar Notizen versehen,

Ablagekästen und -körbe benutzen, in denen Papiere geordnet werden.

Noch eins ist bei allem Vormachen und Anregen zu bedenken: Eltern sollten ihr Kind nicht mit Wissen überfüttern, sondern sich weitgehend damit begnügen, kurze Anregungen und Hilfestellungen zu geben, Material bereitzustellen, darüber hinaus sollten sie viele Freiheiten lassen – Zeit für eigenständiges Beobachten, Erfinden, Ausprobieren, Entdecken.

ken riechen? Der eklige Geruch warnt Menschen häufig davor, Verdorbenes und Vergiftetes zu essen.

Rückenrechnen. Sie schreiben Ihrem Kind mit einem Finger schön langsam eine Rechenaufgabe auf den Rücken wie etwa 3 + 2. Ihr Kind versucht, die Aufgabe zu erkennen, und schreibt umgekehrt dann Ihnen die Lösung auf den Rücken.

S

Satzbrücken bauen. Nicht nur mit Bauklötzen, sondern auch mit Wörtern kann man bei einem Spiel für zwei Brücken bauen. Der Ältere beginnt, sagt einen kurzen Satz, an den er ein Bindewort anhängt, wie zum Beispiel: »Ich liege im Bett, obwohl ...« Der Mitspieler greift diesen Satz auf und vollendet ihn wie etwa: »Ich liege im Bett, obwohl ich noch gar nicht müde bin.«
Dann fabriziert er einen neuen Satz, an den er ein anderes Bindewort hängt: »Der Hund ist hungrig, weil ...« Wie könnte dieser Satz enden? Dabei lernen Kinder auch oft benutzte Bindewörter kennen wie: obwohl, dennoch, weil, trotzdem, denn, dann, nachdem.

Satzhüpfen – ein Spiel für zwei, am besten für draußen. Der Jüngste beginnt. Er muss zehn Hüpfer machen und mit jedem Hüpfer ein weiteres Wort sagen. Zwischen den Hüpfern keine Pause einlegen, denn längeres Nachdenken ist nicht erlaubt. Nach zehn Hüpfern soll aus den Wörtern ein Satz entstanden sein. Danach ist der Nächste an der Reihe. Je schneller gehüpft wird, desto schwieriger die Sache.

Schatzsuche. Die eigene Wohnung in Gedanken aus der Vogelperspektive sehen, den Grundriss entschlüsseln – keine einfache Aufgabe! Dieses Spiel kann als Orientierungshilfe dienen: Zeichnen Sie erst den Grundriss Ihrer Wohnung auf, und zeichnen Sie danach einen roten Faden, der sich quer durch alle Zimmer schlängelt. Mit Hilfe dieser Skizze versucht Ihr Kind anschließend, den Grundriss zu verstehen und dem roten Faden zu folgen, an dessen Ende sich ein Schatz verbirgt.

Schilder lesen – ein Spiel für Leseanfänger. Lesen Sie mit Ihrem Kind während eines Stadtbummels Verkehrsschilder, Straßenschilder, Preisschilder, Reklametafeln – alle Arten von Schildern, auf die Sie gemeinsam stoßen.

- Eine Variante: Ein Spiel für zwei, das die Konzentration und Wahrnehmung schult: Wenn Sie mit Ihrem Kind unterwegs sind, halten Sie nach Schildern am Straßenrand Ausschau. Welche Bedeutung haben die Schilder? Machen sie Sinn oder auch nicht?

Schneebilder. Schreiben Sie mit einem Stöckchen als »Stift« verschiedene Namen in den Schnee oder auch kurze Botschaften. Tauschen Sie dann die Rolle mit Ihrem Kind. Wenn kein Schnee zur Verfügung steht: Die Wörter mit dem Zeigefinger in festgeklopften Sand schreiben oder mit einem Stöckchen in Erde ritzen oder mit Kreide auf Asphalt schreiben.

Schnellzähler – ein Familienspiel, das den Umgang mit Zahlen übt. Der erste Spielpartner nennt eine beliebige Zahl, sagt zum Beispiel: »313« und zählt dann schnell weiter, bis er den Namen eines Mitspielers aufruft und dazu das Kommando »rückwärts« gibt. Der Aufgerufene muss jetzt eine Weile rückwärtszählen, darf dann den Nächsten mit der Vorgabe »vorwärts« aufrufen. Oder doch »rückwärts«? Je schneller das Spiel gespielt wird, desto eher vertun die Spielpartner sich. Wer einen Fehler begeht, muss ein Pfand abgeben. Zum Schluss werden die Pfänder verlost.

Schriftzeichen studieren. Machen Sie sich gemeinsam mit Ihrem Kind auf die Suche nach verschiedenen Schriften: im Internet, im Lexikon. Versuchen Sie später, ein chinesisches Schriftzeichen nachzuzeichnen, oder nehmen Sie lieber arabische Zeichen?

Sehen und was es bedeutet. Die meisten Informationen, die im Gehirn verarbeitet werden, nehmen Menschen über ihre Augen auf. Sie denken und sprechen in Bildern. Reden von »Einsicht« und »Durchblick«, von »Vorstellung« und »klaren Gedanken« – lauter Sinnbilder, die auf das Sehen hinweisen, und auf seine Wichtigkeit. Das Sehen bestimmt weitgehend, wie wir die Welt wahrnehmen, was wir vom Leben wissen, wie die Verständigung mit unseren Mitmenschen funktioniert. Zwei Unterschiede zu anderen Sinnen:

1. Wir können diesen Sinn »ausschalten«, indem wir die Augen schließen.
2. Ohne Lichtquelle, vom Menschen unabhängig, bleibt die Welt unsichtbar.

Einige Experimente zum Sehen:

- Wer schaut sich seine Mitmenschen genauer an? Wer hat blaue, wer braune Augen, wer helle oder dunkle Haare, wer eine blasse oder bräunliche Gesichtsfarbe? Wer kleidet sich betont modisch, wer legt dagegen weniger Wert auf Kleidung? Wer sieht fröhlich aus, wer eher bedrückt? Wer gut ausgeschlafen und wer müde?

- Wer kann die Stadt, das Dorf, die Landschaft, in der er sich befindet, genau wie ein Bild beschreiben?

- Ein Beobachtungsspiel für zwei: Zwei Personen sitzen in einem abgedunkelten Raum und schauen sich tief in die Augen. Die Pupillen sind groß. Danach wird das Licht eingeschaltet. Nun können die Beobachter sehen, wie sich die Pupillen langsam verengen. Der Grund dafür: Durch die schwarzen Punkte mitten im Auge – die Pupillen – fällt das Licht ins Auge. Bei Helligkeit sind die Pupillen klein und lassen wenig Licht durch. Bei Dunkelheit sind die Pupillen dagegen groß, um möglichst viel Licht einzufangen.

- Warum braucht der Mensch zwei Augen? Jedes Auge nimmt sein eigenes Bild auf. Im Gehirn werden die beiden Bilder zu einem räumlichen Bild verarbeitet, damit man zum Beispiel erkennen kann, welche Form ein Ding hat, in welchem Abstand von uns es sich befindet, ob Sachen hintereinander oder nebeneinander vor uns liegen.

Zwei Spiele dazu: Auf die Nasenspitze schielen und dabei die Nase gleichzeitig von zwei Seiten sehen. Jedes Auge sieht eine andere Seite. Oder: Einen an einer Schnur befestigten Stift vor den Augen eines Mitspielers, der ein Auge zuhält, hin- und herpendeln lassen. Versucht der Spielpartner jetzt, den Stift mit einem Zeigefinger anzutippen, wird er wahrscheinlich scheitern. Der Grund: Das räumliche Sehen, das Einschätzen von Entfernung kann unter dieser Bedingung nur eingeschränkt funktionieren.

Sonnenuhr. Bauen Sie mit Ihrem Kind eine einfache Sonnenuhr: Einen Stock in die Erde stecken, von Stunde zu Stunde mit Steinen rund um den Stab die Uhrzeiten markieren – dort, wo der Stab um zehn Uhr, um elf Uhr, um zwölf Uhr seinen Schatten wirft – und einen Tag lang beobachten, wie die Sonne von Osten nach Westen wandert. Später überprüfen, ob die Markierungen auch wirklich der angegebenen Uhrzeit entsprechen.

Spiegelspiel – ein Spiel für zwei, das verdeutlicht, wie das Sprechen unsere Mimik verändert: Einer gibt vor, welche Worte ein anderer vor dem Spiegel laut und deutlich sprechen soll. Und dann beobachten beide zusammen, wie sich Lippen und Mund beim Sprechen verändern. Bei welchen Lauten verändert sich der Mund besonders deutlich? Nach einer Weile werden die Rollen getauscht.

- Eine Variante des Spiels und eine Konzentrationsübung: Zwei stehen sich in einigem Abstand gegenüber. Einer macht die Bewegungen des anderen in Zeitlupentempo nach.

- Eine weitere Variante – ein Spiel, das die Ausdrucksfähigkeit und Beobachtungsgabe schult: Wer beschreibt sein Spiegelbild möglichst genau?

- Oder: Wer malt nach gründlichem Studium vor dem Spiegel ein Selbstporträt?

Sprachrätsel. Schauen Sie sich zusammen mit Ihrem Kind im Fernsehen die Nachrichten in Englisch an. Ist für einen Nicht-Englisch-Sprecher wirklich alles völlig unverständlich, oder kann er manches enträtseln?

Sprichwörter suchen. Sprichwörter gibt es in Hülle und Fülle. Aber es ist gar nicht so einfach, auf Knopfdruck eines parat zu haben.

- Eine Variante: Um die Wette nach Redensarten suchen wie: »Das bekomme ich nicht unter einen Hut« oder: »Das geht mir an die Nieren.«

Stammbaum zeichnen. Für jedes Kind ist es interessant, einen Überblick über die Verwandtschaftsverhältnisse zu gewinnen. Zeigen und erklären Sie Ihrem Kind an einem Modell, was ein Stammbaum ist. Zeichnen Sie anschließend einen großen Baum auf, und geben Sie ihm Schilder mit den Namen von engeren Verwandten mit der Aufforderung, die Namen in den Stammbaum einzufügen.

Stimmübungen. Zum Sprechen brauchen wir unsere Stimme, doch wie kommt unsere Stimme zustande? Strömt Atemluft durch die Kehle, werden die Stimmbänder in Schwingung versetzt – die Voraussetzung fürs Sprechen und Singen. Einige Experimente für alle, die ihre Stimme erforschen und mehr über das Sprechen erfahren wollen:

- Wer beim Sprechen bewusst auf seine Atmung achtet, merkt bald, wie intensiv beides zusammenhängt. Atmen wir beim Sprechen ein oder aus?
- Ein weiterer Versuch: Den Mund schließen, durch die Nase atmen und dabei sprechen. Der Versuch scheitert, weil die Laute mit dem Mund gebildet werden in einem Zusammenspiel von Zunge, Lippen und Atemluft.
- Die nächste »Sprechübung«: Die Nase zuhalten, den Mund schließen und dann Töne produzieren oder sprechen. Wie hört sich das Ganze an?
- Beim Sprechen atmen wir durch Mund und Nase. Ein Spiel für zwei: Der eine ist der Hörer und hält sich die Augen zu, der andere der Sprecher. Der Sprecher sagt ein paar Sätze, hält sich dabei mal die Nase zu und mal nicht. Findet der Hörer heraus, wann mit zugehaltener Nase gesprochen wird? Wie kann man beides unterscheiden?
- Kinder hören ihre Stimme auf unterschiedliche Weise. Zum einen gelangt die Stimme aus dem Mund durch die Luft in unser Ohr. Die Ohren fangen die Schallwellen auf und leiten sie weiter. Zum anderen hören wir unsere innere Stimme: Die Schwingungen im Kehlkopf lassen den Brustkorb und die Schädelknochen mitschwingen. So gelangt auch die innere Stimme an die Ohren. Der Klang der eigenen Stimme ist ein Mix aus innerer und äußerer Stimme. Die innere Stimme hört man besonders gut, wenn man sich die Ohren zuhält und leise summt. Die äußere Stimme: Wenn man in ein etwa 50 Zentimeter langes Plastikrohr spricht, das man an einem Ende vor den Mund, am anderen Ende ans Ohr hält und in das man vorher einen Papiertrichter gesteckt hat.
- Laut- und Leiselieder. Singen Sie mit Ihrem Kind ein bekanntes Kinderlied wie »Alle meine Entchen«. Erst wird mit lauter Stimme gesungen, dann mit ganz leiser – beim Singen wird die Stimme laufend moduliert. Erst geben Sie den Ton an, nach einer Weile wird getauscht. Dann gibt Ihr Mitspieler die Stimmstärke vor.

Suchspiel mit Telefonbuch – ein Spiel für zwei, bei dem das Alphabet und die Schnelligkeit trainiert werden. Sie geben einen bestimmten Nachnamen vor, sagen zum Beispiel: »Findest du eine Person, die ›Kaminski‹ heißt?« Dann wird schnell unter K im Telefonbuch geblättert. Ist ein »Kaminski« gefunden, wird nach dem nächsten Namen gesucht. Ist dagegen kein »Kaminski« zu finden, werden die Rollen getauscht.

- Eine Variante des Spiels: Gemeinsam nach möglichen Bedeutungen von Nachnamen fahnden.

Systeme entdecken. Erklären Sie Ihrem Kind, warum Systematik das Leben erleichtert, und suchen Sie gemeinsam mit ihm nach Ordnungssystemen: in der Küche, im Wohnzimmer, auf dem Schreibtisch, im Supermarkt, in der Buchhandlung.

T

Tagebuch für Kinder. Besorgen Sie ein Heft mit dicken Seiten – es kann auch ein Ringbuch mit Blättern zum Einlegen sein. In dieses »Erlebnisbuch« werden beispielsweise Eintrittskarten von einem schönen Museumsbesuch geklebt, Einladungen zu Kindergeburtstagen, ein Herbstblatt vom Ausflug oder der Fahrschein von der Gondelbahn auf den hohen Berg. Mit Datum und ein paar Zeilen zur Erinnerung versehen, ist das Kindertagebuch eine Möglichkeit, Kinder selber ein Erinnerungsbuch gestalten zu lassen. Es regt die Fantasie an, die Lust am Malen und Kleben und wird immer wieder mit Freude durchgeblättert.

Taschengeld – ein beliebtes Gesprächsthema. Dazu einige Fragen, die das Rechnen üben: »Wie viel Geld bleibt von deinem Taschengeld übrig, wenn du dir einen Schokoriegel oder ein Päckchen Kaugummi leistest?« Oder: »Wie lange musst du für das neue Comicheft sparen?«

Tasche packen. »Ich packe meine Tasche und nehme ein Buch mit ...«, sagt der erste Mitspieler. Der Nächste wiederholt diesen Satz und fügt ein Ding hinzu, das er einpacken will: »Ich packe meine Tasche und nehme ein Buch und meine Badehose mit ...« So wird reihum gespielt, bis der Satz irgendwann so lang ist, dass niemand mehr weiß, was alles »eingepackt« wurde. Wer als Letzter den ganzen Satz wiederholen kann, hat gewonnen. Dieses Spiel lässt sich überall, ob beim Warten auf die U-Bahn oder im Auto, beim Spazierengehen oder am Kindergeburtstag, spielen – zu zweit oder mit vielen Personen.

Tasten und Fühlen und was es bedeutet. Mit unserem größten Organ – mit der Haut – können wir tasten und fühlen. Die Haut umhüllt den Menschen, grenzt ihn ab und lässt gleichzeitig einen engen Kontakt zur Umwelt zu. Beim Sonnenbaden am Strand nimmt man zum Beispiel über den ganzen Körper Wärme und Licht auf, während man bei einem Regenguss, in den man ungeschützt gerät, die Nässe aufnimmt. Wer bewusst darauf achtet, erkennt staunend, wie viele Eindrücke über die Haut wahrgenommen werden: Wir drücken einem Freund die Hand und spüren seinen festen Händedruck. Wir harken Laub zusammen und ärgern uns über Blasen auf der Handfläche, die durch Druck und Reibung entstehen. Wir streicheln einen Hund und spüren sein weiches oder auch struppiges Fell. All diese Eindrücke werden über unzählige Tastfühler in der Haut wahrgenommen. Diese Fühler spüren, was hart oder weich, was kalt oder warm ist. Ein Sonnenstrahl, ein paar Schneeflocken, ein Streicheln –

sobald ein Reiz unsere Haut berührt, melden die Fühler diese Reaktion an das Gehirn weiter. Ist ein Reiz schmerzhaft, gehen wir schnell auf Abstand. Einige Experimente dazu:

- Bei stürmischem Wetter nach draußen gehen und sich vom Wind kräftig durchpusten lassen.

- Barfuss laufen: Holz- oder Teppichboden unter den nackten Fußsohlen spüren, oder Steine oder Gras.

- Ein Gesicht streicheln. Mit einem Finger die Augenbrauen nachzeichnen, den Mund, die Lippen nachzeichnen, den Nasenrücken, die Stirn ... Wie fühlt sich was an?

- Ein Spiel im Dunkeln: Wer schafft es, mit einem Zeigefinger den großen Zeh zu finden, ohne ihn sehen zu können? Es gelingt. Und warum gelingt es? Weil die Muskeln, Sehnen, Gelenke mit unzähligen Messstellen bestückt sind, zuständig für unser Körpergefühl. Diese liefern entsprechende Daten an unser Gehirn, das die Informationen verarbeitet und uns dann sagt, wie wir unsere Körperteile dirigieren müssen, um ans Ziel zu gelangen.
- Ein weiteres »Fühlexperiment«: Zuerst wird eine Hand in eine Schüssel mit Eiswasser gesteckt, nach einer Weile wird dieselbe Hand in eine Schüssel mit kaltem Wasser gesteckt. Plötzlich fühlt sich das kalte Wasser ziemlich warm an. Die Erklärung: Die Fühler in der Haut vergleichen Kälte und Wärme mit den Eindrücken, die sie kurz vorher gesammelt haben.

- Ein Gruppenspiel. Alle Mitspieler stehen nebeneinander – Arme nach vorn, Hände ausgestreckt. Der Jüngste aus der Reihe geht jetzt mit verbundenen Augen von einem zum anderen, gibt jedem die Hand, tastet die Hände ab, die sich ihm entgegenstrecken, und versucht herauszufinden, wer sein Gegenüber ist. Oder: Alle sitzen im Kreis. Einer geht mit verbundenen Augen hinter den Sitzenden entlang, greift jedem kurz in die Haare und muss raten, bei wem er gerade angelangt ist.

- Das schult den Tastsinn: In einem Sack stecken Legosteine der gleichen Sorte und ein anderer Stein. Wer fasst in den Beutel, tastet die Steine ab und fördert möglichst schnell den »falschen« Stein ans Tageslicht?

Technisches Wissen sammeln, genau hinschauen lernt man beim Basteln und Werkeln. Werfen Sie alte Geräte nicht weg, sondern schauen Sie sich zusammen mit Ihrem Kind das »Innenleben« an mit der Fragestellung: »Wie funktioniert solch ein Ding?« Dafür können ein alter Wecker herhalten, ein Toaster und vieles andere.

Telefonnummer suchen. Bitten Sie Ihr Kind, im Telefonbuch eine Nummer zu suchen, die Sie gerade anrufen müssen: die Nummer des Kinderarztes, die der Friseurin oder die des Klassenkameraden. Das ist eine prima Übung, das Alphabet zu lernen und anzuwenden.

Telefonieren. Bei einem altmodischen Telefon wird der Schall der Stimme in winzige Stromstöße umgewandelt. Diese Stromwellen laufen durch die Telefonleitungen. Am anderen Ende der Leitung werden sie wieder in Schallwellen umgewandelt. Ein vereinfachtes Telefon lässt sich schnell und einfach nachbauen: Sie brauchen zwei Plastikbecher und feste Schnur. In die Böden der beiden Becher bohren Sie jeweils ein Loch, ziehen die Schnur durch, verknoten sie in den Bechern, spannen die Schnur straff und können schon telefonieren.

Telefonzahlen. Ein Gedächtnis- und Zahlenspiel für zwei mit dem Telefon. Der eine nennt eine Zahl, der andere tippt sie auf dem Telefon ein. (Hörer nicht abnehmen!) Danach werden die Rollen getauscht. Je schneller das Spiel, desto schwieriger die Aufgabe.

Tierschule – ein Lernspiel für Schulanfänger. Regen Sie Ihr Kind an, mit seinen Stofftieren Schule zu spielen und seinen »Schülern« das Schreiben beizubringen.

Tisch decken – eine Übung in Rechnen und Geometrie, aber auch der Sinn für das Schöne wird geschult: Decken Sie den Tisch gemeinsam symmetrisch mit Gläsern, Tellern, Besteck für mehrere Personen. Was brauche ich? Wie dekoriere ich ihn, eventuell der Jahreszeit entsprechend oder zum Essen passend?

U

Uhrzeit berechnen – ein Spiel, das Sie unterwegs mit Ihrem Kind spielen können: Sie berechnen zusammen die Zeit und beschäftigen sich mit Aufgaben wie: »Wir sind seit einer halben Stunde unterwegs, um wie viel Uhr sind wir gestartet?« Oder: »Wir werden noch fünfzig Minuten brauchen. Wann werden wir voraussichtlich zu Hause sein?« Oder: »Heute früh um acht Uhr bin ich gestartet, war dann zwei Stunden beim Frisör und anschließend 35 Minuten beim Optiker. Wann war ich wieder zu Hause?« Wenn Sie zusammen mit Kindern Uhrzeiten in Fahrplänen, in Fernsehzeitschriften studieren, können Sie ähnliche Textaufgaben anbringen.

V

Vielzähler – ein Spiel für Zählanfänger: Gemeinsam wandern Sie zählend durch die Wohnung und denken sich abwechselnd Zählfragen aus wie:

- »Wie viele Gabeln liegen im Besteckkasten?«
- »Wie viele Teller stehen auf der Spülmaschine?«
- »Wie viele Knöpfe hat meine Bluse?«
- »Wie viele Stufen hat die Treppe in den Keller?«

Vorwärts, rückwärts, seitwärts – ein Spiel für draußen, das verdeutlicht, warum Rechnen mit Raumorientierung zu tun hat. Zuerst geben Sie Ihrem Mitspieler Anweisungen, dirigieren ihn zum Beispiel über eine Wiese: »Zwei Schritte geradeaus, drei nach rechts, sechs zurück ...!«

Zum Schluss winkt eine Belohnung. Dann werden die Rollen getauscht. Wohin werden Sie jetzt dirigiert?

- Eine Variante: das Warm-kalt-Spiel, ein altbewährtes Kinderspiel, das Konzentrationsfähigkeit und Raumgefühl übt. Mit verbundenen Augen macht sich der jüngere Mitspieler auf die Suche nach einem »Schatz«. Der ältere dirigiert ihn durch den Raum mit Hinweisen wie »warm«, wenn er in die Nähe des Schatzes kommt, oder »kalt«, wenn er sich entfernt.

W

Wasserwaage ausprobieren. Zeigen Sie Ihrem Kind, wozu eine Wasserwaage dient, und lassen Sie es mit der Waage hantieren. Welche Experimente fallen ihm dazu ein?

Weltreise – ein Spiel, das auch die Sprache schult und Wissen vermittelt. Einer nennt den Namen eines Landes. Ein anderer sucht im Lexikon nach diesem Land und liest vor, was er dazu findet. Dann werden die Rollen getauscht. Jeder darf nacheinander drei Länder aussuchen.

- Eine Variante des Spiels, die Fantasie fördernd: Ihr Kind sucht ein Land aus und stellt Fragen dazu: Wie sehen die Menschen aus, die dort leben? Was essen sie? Womit verdienen sie ihr Geld? Wer nicht weiterweiß, schaut im Internet nach.

Wettkampf der Zahlen – ein Spiel für zwei plus Spielleiter. Der eine schreibt die Zahlen eins bis zehn mit rotem Filzstift auf zehn kleine Zettel, der andere die Zahlen eins bis zehn mit blauem Filzstift auf zehn weitere Zettel. Klatscht der Spielleiter in die Hände, hält jeder einen blind herausgegriffenen Zahlenzettel in die Höhe. Wer die höhere Zahl zeigt, darf den Zahlenzettel des Mitspielers einkassieren. Sind alle Zahlenzettel verteilt, zählt jeder die Zahlen auf den erkämpften Zetteln zusammen. Gewinner ist, wer die höhere Punktzahl erreicht hat.

Wissens-Quiz – ein Spiel für zwei oder mehr Spieler, das die Aufmerksamkeit schult. Sie schauen sich zusammen mit Ihrem Kind die Tagesschau im Fernsehen an. Anschließen denken Sie sich Fragen aus, die mit den Nachrichten in Zusammenhang stehen, wie zum Beispiel:

- Wer stellt zur Zeit die Regierung?
- Wer ist Außenminister?
- Wer ist Präsident der USA?
- Wo sind Soldaten unseres Landes im Einsatz?

Später werden die Rollen getauscht. Dann werden Ihnen Fragen gestellt.

Wochentage. Wer kann am schnellsten die Wochentage aufzählen, wer die Monate? Wer weiß, welche Monate in Frühling, Sommer, Herbst bzw. Winter fallen?

- Eine Variante: Wer erzählt zu jedem Wochentag eine andere Geschichte oder zu jedem Monat?

Wörter sammeln. Sprachexperten beklagen, dass die Sprache der Kinder verarmt. Als Gegenprogramm spielen Sie »Wörter sammeln«. Wer in der Zeitung ein ungewöhnliches Wort findet, ein solches im Radio hört oder im Gespräch aufschnappt, schreibt es auf einen Zettel, markiert den Zettel mit seinem Namen und steckt ihn in einen Wörtersammelkasten. Nach einer Weile schauen sich alle Mitspieler gemeinsam an, welche Wörter zusammengekommen sind, und stellen eine Rangfolge auf: Welches Wort ist besonders ungewöhnlich oder witzig? Welcher Mitspieler hat die meisten Wörter gefunden?

Wörter von hinten. Beginnen Sie mit kurzen Wörtern oder mit den Vornamen der Familie, und »lesen« Sie die Wörter von hinten: Mama heißt »Amam«, Sarah liest sich »Haras«, und Leonard verwandelt sich in »Dranöl«. Sie werden sehen – es macht großen Spaß und öffnet den Kindern die Augen für den Umgang mit Buchstaben und Wörtern.
Bald stellt man fest, dass sich manche Wörter von links und rechts gelesen gleich anhören: »Anna« zum Beispiel, ebenso wie »Otto«. Solche Wörter nennt man Palindrome, es gibt sogar ganze Sätze in dieser Art (»Ein Neger mit Gazelle zagt im Regen nie«) – mit etwas Knobelei finden Fortgeschrittene vielleicht eigene Satzgebilde heraus?

Würfelspiele – ein Spiel für zwei mit zwei Würfeln. Es wird reihum abwechselnd gewürfelt, bei jedem Wurf die niedrigere von der höheren Augenzahl abgezogen. Die Endsumme schreiben Sie auf. Gewinner ist, wer nach zehn Runden die meisten Punkte gesammelt hat.

- Eine Variante: Gespielt wird draußen. Je mehr mitmachen, desto besser. Einer ist der Würfelwerfer. Alle anderen stellen sich an einer Startlinie auf. Der Jüngste beginnt und fragt den Würfelwerfer: »Wie viele Schritte darf ich tun?« Der Würfelwerfer wirft den Würfel und nennt die entsprechende Augenzahl. Dann fragt der Nächste. Gewinner ist, wer zuerst eine vorher festgelegte Ziellinie erreicht.

- Eine Rechenübung mit Würfel für Fortgeschrittene – ein Wettspiel: Gespielt wird mit zwei Würfeln. Der Älteste aus der Runde beginnt: Er wirft zwei Würfel, multipliziert die Augenzahlen und schreibt das Ergebnis auf. Dann ist der Nächste an der Reihe. Nach zehn Durchgängen addiert jeder seine Zahlen. Gewinner ist, wer die höchste Punktzahl erworben hat.

Z

Zahlengeschichten. Dieses Spiel lässt sich überall und ohne jeden Extraaufwand durchführen. Erzählen Sie Ihrem Kind eine Geschichte – zum Beispiel von einer Bärenfamilie mit zwei Jungen, die drei Tage lang über fünf Berge laufen muss, bis sie einen Bienenstock mit zehn Bienenvölkern findet... Verstecken Sie in der Geschichte zehn Zahlen. Wer sie zuerst gefunden und richtig addiert hat, darf in der nächsten Runde eine Zahlengeschichte erfinden.

Zahlenmemory. Sie erfinden zusammen mit Mitspielern ein neues »Memory«-Spiel, zum Beispiel für Rechenaufgaben. Jedes Paar besteht aus einer Zahl und der Verdopplung dieser Zahl: zwei und vier heißt ein Paar, vier und acht das nächste. Um die Zahlen eindeutig zuzuordnen, werden sie jeweils in einer anderen Farbe auf Zettel geschrieben und dann verdeckt ausgelegt. Wer die meisten Paare gefunden hat, gewinnt das Spiel. Man kann auf diese Weise auch sinnverwandte Wörter suchen, etwa »Baum« und »Blatt« oder »Himmel« und »Wolke«. Oder man übt die Mehrzahl: »Baum« – »Bäume«, »Ast« – »Äste«.

Zahlenspiele auf dem Schulweg. Schulanfänger zählen auf dem Weg zur Schule, was ihnen begegnet: Hunde, Straßenlaternen, rote Autos, Verkehrsschilder, Ampeln, Kinderwagen ...

Zeitung lesen. Wer eine Familie zu versorgen hat, leidet unter Zeitmangel, kommt zum Beispiel nicht dazu, die Zeitung zu lesen. Hier kann Ihr Kind tätig werden: Bitten Sie es, stellvertretend einen kurzen Artikel zu lesen und Ihnen dann zu erzählen, was in dem Beitrag steht. Zuerst fasst es kürzere, einfache Beiträge zusammen und gibt sie mit eigenen Worten wieder, später längere, anspruchsvollere Artikel – alles zusammen eine gute Übung zum Textverständnis. Außerdem können sich aus einem solchen Spiel längere Diskussionen ergeben. Dabei übt Ihr Kind, sich eine eigene Meinung zu bilden, seine Argumente in Worte zu fassen und in einem Streitgespräch zu vertreten.

Zeitung machen. Ausgerüstet mit einem Packen alter Zeitungen und Zeitschriften, mit Schere, Kleber und einem leeren Heft oder Ringbuch, kann Ihr Kind seine eigene »Zeitung« basteln. Alle Nachrichten und Meldungen, die es interessant oder lustig findet, werden ausgeschnitten und ins Heft eingeklebt. Da lässt sich eine »Tierseite« gestalten, eine Seite »Vermischtes«, eine Seite »Aus aller Welt«, eine Seite mit »Erfindungen« und eine Witzseite. Regen Sie Ihr Kind an, seine Zeitung wie eine echte Zeitung mit Schlagzeilen zu versehen, auf jede Seite das Datum zu schreiben oder die Seiten mit Fotos oder Zeichnungen zu verzieren. Es kann sich einen eigenen Namen für seine Zeitung überlegen, selber eine Geschichte für die Zeitung schreiben – und wenn das großen Spaß gemacht hat, kann man jede Woche eine neue Wochenzeitung basteln.

Zettelkasten. Der Zettelkasten ist eine Möglichkeit, die Lösung von Fragen oder Anliegen Ihrer Kinder, die während der Woche auftauchen und die nicht akut geklärt werden müssen und können, aufs Wochenende zu verschieben. »Was sind eigentlich die sieben Weltwunder?«, will der eine wissen, »Mama, kannst du mir das neue Spiel erklären?« der andere. Statt zu rufen »Keine Zeit!«, bitten Sie Ihr Kind, seine Frage auf einen Zettel zu schreiben und in den Kasten zu werfen – das kann beispielsweise eine Schuhschachtel sein. Jedes Wochenende wird dann als neues Ritual der Kasten geleert, und man versucht gemeinsam und in Ruhe, die Fragen zu beantworten.

Als aufmerksame Eltern stellen Sie immer wieder fest, dass jedes Ihrer Kinder **auf unterschiedliche Weise lernt.** Oder dass sich die Art, wie Ihr Kind lernt, von Ihrer eigenen Art zu lernen unterscheidet.
Der folgende Test kann Ihre Beobachtungen ergänzen. Mit seiner Hilfe können Sie herausfinden, welcher Lerntyp Ihr Sprössling ist – eher **ein Seh- oder ein Hörtyp, ein Bewegungs- oder ein Kommunikationstyp.** Versetzen Sie sich in Ihr Kind, kreuzen Sie stellvertretend an, was für Ihren Sohn oder Ihre Tochter zutrifft:

Test: Welcher Lerntyp ist Ihr Kind?

- ☐ 1. Wenn ich einen Vortrag höre, kann ich eine Weile gut bei der Sache bleiben und konzentriert folgen, sobald mich der Inhalt auch nur einigermaßen interessiert.
- ☐ 2. Wenn ich mitschreibe und Wichtiges unterstreiche, kann ich mir Erklärungen viel besser merken, als wenn ich nur zuhöre.
- ☐ 3. Höre ich Interessantes im Radio, dann bin ich besonders aufmerksam bei der Sache und weiß nach einer ganzen Weile noch, was ich gehört habe.
- ☐ 4. Werden mir Sachverhalte mit Hilfe von Tafelbildern oder Grafiken erklärt, prägen sich mir die Inhalte in der Regel gut ein.
- ☐ 5. Wenn ich Erzählungen auf CD höre, behalte ich die Texte meist besonders gut im Gedächtnis.
- ☐ 6. Habe ich einen interessanten Text gelesen, weiß ich oft, auf welcher Seite in welchem Absatz eine besonders wichtige Textstelle zu finden ist.

- ☐ 7. Baue ich beim Lernen das nach oder untersuche, was ich verstehen will, dann erinnere ich mich später noch an meine Experimente.
- ☐ 8. Wenn ich anderen einen Sachverhalt verdeutlichen will, dann rede ich gerne mit Händen und Füßen.
- ☐ 9. Beim Fernsehen prägen sich mir oft besonders eindrucksvolle Bilder tief ein, und ich vergesse sie nicht so schnell wieder.
- ☐ 10. An heiße Diskussionen über strittige Themen erinnere ich mich lange, und ich weiß auch nach einiger Zeit noch genau, warum es so hoch herging.
- ☐ 11. Was ich zu hören bekomme und was mich besonders interessiert, kann ich meistens gut zusammenfassen und wiedererzählen.
- ☐ 12. Ich lerne leichter, wenn ich mit anderen zusammensitze und wir uns über den Lernstoff immer wieder austauschen.
- ☐ 13. Wenn ich Hausaufgaben erledige, ertappe ich mich häufiger dabei, dass ich den Stoff vor mich hinrede.
- ☐ 14. Muss ich Texte lernen, dann klappt das am besten, wenn ich mich beim Lernen bewege, etwa quer durch den Raum gehe.
- ☐ 15. Ich habe eine Vorliebe für Schaubilder, und ich behalte sie meistens lange in Erinnerung.
- ☐ 16. Ich liebe Theaterspielen, und was ich vorspiele, bleibt mir im Gedächtnis.
- ☐ 17. Am meisten Spaß machen mir Lernspiele zusammen mit anderen – zum Beispiel finde ich Frage-und-Antwortspiele spannend.
- ☐ 18. Gespräche mit anderen bedeuten mir viel, und mir bleibt lange in Erinnerung, mit wem ich mich wann und wo unterhalten habe.
- ☐ 19. Am liebsten und am besten lerne ich in Gesellschaft anderer, dann kann man zwischendurch mal kurz reden oder sich angrinsen.
- ☐ 20. Besonders gut erinnere ich mich an das, was ich bei Spaziergängen gelernt habe.

Test-Auswertung

Ordnen Sie nun die Aussagen, die Sie angekreuzt haben, den Lerntypen H, S, K oder B zu. H Hörtyp: 1, 3, 5, 11 und 13; S Sehtyp: 2, 4, 6, 9 und 15; K Kommunikativer Typ: 10, 12, 17, 18 und 19; B Bewegungstyp: 7, 8, 14, 16 und 20

Meist werden Sie Ihr Kind nicht eindeutig nur einem Lerntyp zuordnen können, doch eine Vorliebe für eine bestimmte Art zu lernen wird erkennbar sein.

Sie können Ihr Wissen um den Lerntyp, dem Ihr Kind angehört, nun auf zweierlei Art nutzen:

Bieten Sie ihm weitere, gezielte Anregungen, die speziell auf seinen Lerntyp zugeschnitten sind. Zwei Beispiele: Ihr Kind lernt am besten, wenn es in Bewegung ist, hüpft, rennt, rückwärtsgeht. Deshalb regen Sie an, das Gedicht für den Deutschunterricht im Garten beim Schaukeln zu lernen, oder unterwegs bei einem Waldspaziergang, während Ihr Kind gleichzeitig auf Baumstämmen balanciert oder über eine Wiese läuft. Ist Ihr Kind dagegen eher ein kommunikativer Typ, der für sein Leben gerne palavert, sprechen Sie mit ihm ausführlich über das Gedicht, nach dem Motto: »Wie gefällt es dir? Mir gefällt es gut, weil ...!« Oder: »Ich musste früher immer etwas tun beim Lernen für die Schule. Habe meine Vokabeln immer am besten beim Kuchenbacken gelernt oder beim Zimmeraufräumen ...«

Statt anzuknüpfen, steuern Sie betont gegen. Zwei Beispiele dazu:Sie haben festgestellt, dass Ihr Kind vor allem ein Hörtyp ist. Damit es sich nicht zu einseitig entwickelt, bieten Sie ihm extra weitere sinnliche Anregungen in eine andere Richtung – zum Beispiel lesen Sie das zu lernende Gedicht und malen gemeinsam ein Bild dazu.

Ist Ihr Kind dagegen ein Sehtyp, und Sie möchten nicht nur das Sehen, sondern weitere Sinne – etwa das Hören und die Kommunikation – fördern, dann lernen Sie das Gedicht beispielsweise gemeinsam beim Autofahren, indem Sie es Zeile für Zeile laut vorsprechen, wiederholen oder ausgiebig über den Text sprechen.

Älteren Schulkindern kann man anbieten, dass sie den Test selber machen. Verständige Kinder werden froh sein, wenn sie so erfahren, wie sie sich beim Lernen leichtertun, wenn sie ihren Lerntyp kennen.

Adressen, die weiterhelfen

Aktion Bildungsinformation e.V.
Lange Straße 51
70174 Stuttgart
Tel.: 07 11/22 02 16 30
Fax: 07 11/22 02 16 40
info@abi-ev.de
www.abi-ev.de

Arbeitskreis Erziehung
Boppstraße 10
10967 Berlin
Tel.: 0 30/2 59 00 60
Fax: 0 30/25 90 06 50
ane@ane.de
www.ane.de

Berufsverband Deutscher Psychologinnen und Psychologen
Sektion Schulpsychologie
Glinkastraße 5
10117 Berlin
Tel.: 0 30/2 09 14 90
info@bdp-verband.org

Bundesverband Aktion Humane Schule e.V.
Rathausplatz 8
53859 Niederkassel
Tel.: 0 22 08/90 96 89
Fax: 0 22 08/90 99 43
ahs@aktion-humane-schule.de
www.aktion-humane-schule.de

Bundesverband Arbeitskreis überaktives Kind
Postfach 41 07 24
12117 Berlin
Tel.: 0 30/85 60 59 02
Fax: 0 30/85 60 59 70
www.auek.de

Bundesverband Deutscher Kinder- und Jugendmuseen
Michael-Ende-Straße 17
90439 Nürnberg
Tel.: 09 11/6 10 55 35
Fax: 09 11/6 10 55 36
info@bv-kindermuseum.de
www.bv-kindermuseum.de
(vermittelt auch Adressen von Kindermuseen in der Schweiz und in Österreich)

Bundesverband Legasthenie und Dyskalkulie e.V.
Postfach 11 07
30011 Hannover
Tel.: 07 00/31 87 38 11
Fax: 05 11/ 31 87 39 11
info@blv-legasthenie.de
www.blv-legasthenie.de

Deutsche Liga für das Kind
Charlottenstraße 65
10117 Berlin
Tel.: 0 30/28 59 99 70
Fax: 0 30/28 59 09 71
post@liga-kind.de
www.liga.kind.de

Grundschulverband – Arbeitskreis Grundschule e.V.
Niddastraß 52
60329 Frankfurt/Main
Tel.: 0 69/77 60 06
Fax: 0 69/707 47 80
info@grundschulverband.de
www.grundschulverband.de

FiL Fachverband integrative Lerntherapie e.V.
Magdalenenstraße 36
49080 Osnabrück
Tel.: 05 41/3 50 47 83
Fax: 05 41/9 33 89 57
lern@aol.com
www.lerntherapie-fil.de

In Österreich

Elternwerkstatt-Verein im Dienst von Kindern, Eltern und Pädagogen
Altmannsdorfer Straße 172
A-1230 Wien
Tel.: 00 43/1/6 62 20 06
office@elternwerkstatt.at
www.elternwerkstatt.at

Verzeichnis der Spiele von A bis Z

Stichwortregister

Bibliografische Information: Die Deutsche Nationalbibliothek

Die Deutsche Bibliothek verzeichnet diese Publikation in der Deutschen Nationalbibliografie; detaillierte bibliografische Daten sind im Internet über http://dnb.ddb.de abrufbar.

Wichtiger Hinweis

Die im Buch veröffentlichten Ratschläge wurden mit größter Sorgfalt von Verfasserin und Verlag erarbeitet und geprüft. Eine Garantie kann jedoch nicht übernommen werden. Ebenso ist eine Haftung der Verfasserin bzw. des Verlages und seiner Beauftragten für Personen-, Sach- oder Vermögensschäden ausgeschlossen.

Ein Unternehmen der Droemerschen Verlagsanstalt Th. Knaur Nachf. GmbH & Co. KG, München

Bildnachweis:
Umschlagfotos:
Markus Röleke, Pat Says Now AG, Patrick Strumpf, Switzerland

Fotos:
Getty Images/Tosca Radigonda S. 76; Markus Röleke S. 1 (9-mal), S. 4 unten (7-mal), S. 5 (10-mal), S. 4 Mitte (15-mal), S. 6; Masterfile/Graham French S. 8; Mauritius Images/Stock Image S. 56/Uwe Umstätter S. 96

Projektleitung: Caroline Colsman
Redaktion: Dorothea Steinbacher
Herstellung: Dagmar Guhl
Bildredaktion: Sylvie Busche (Ltg.), Markus Röleke
Umschlagkonzeption, Layout und Satz: griesbeckdesign, München

Reproduktion, Druck und Bindung:
Firmengruppe Offizin Andersen Nexö Leipzig GmbH, Zwenkau
Repro Ludwig, A-Zell am See

Printed in Germany

ISBN 978-3-426-64350-1

5 4 3 2 1